LES

PUISSANCES INVISIBLES

Les Dieux, les Anges, les Saints, les Égrégores

S PHILOMÈNE

Dr F. ROZIER
Licencié ès sciences

C. CHAUMONT
Quai Saint-Michel, n° 27
PARIS

1907

LES

PUISSANCES INVISIBLES

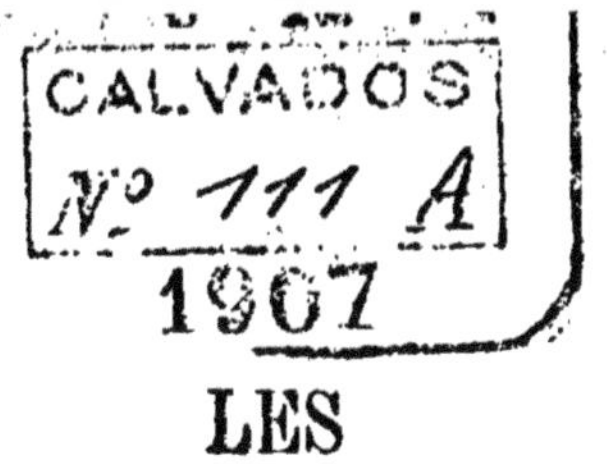

LES

PUISSANCES INVISIBLES

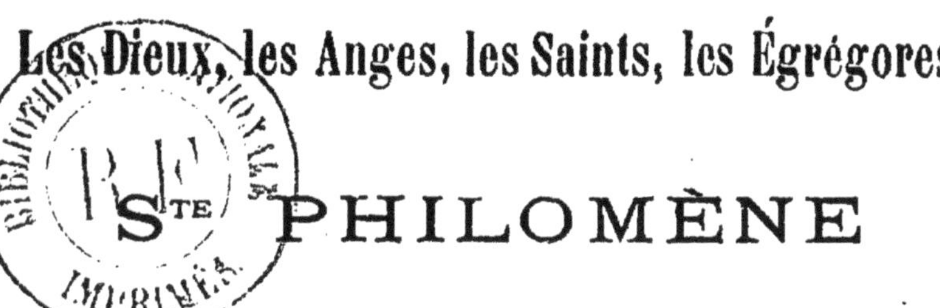

Les Dieux, les Anges, les Saints, les Égrégores

S^TE^ PHILOMÈNE

Dr F. ROZIER
Licencié ès sciences

C. CHAUMONT
Quai Saint-Michel, n° 27
PARIS

1907

INTRODUCTION

Il a été un temps où tout le monde croyait aussi bien à ce qu'il pouvait voir qu'à ce qu'il ne pouvait pas voir. Les hommes étaient convaincus que l'univers ne se bornait pas à ce qui tombe sous un ou plusieurs de nos cinq sens. Ceux qui ne voyaient pas les esprits savaient avec certitude qu'ils en étaient entourés, et ils constataient leur présence par les phénomènes qu'ils produisaient.

A cette époque, le scepticisme et l'oubli n'isolaient pas les Esprits, et les communications entre eux et nous étaient fréquentes, presque continuelles.

A mesure que les connaissances positives se multipliaient, les hommes se livraient à des recherches qui détournaient leur attention du monde invisible, et peu à peu, on en est venu à s'apercevoir que les phénomènes causés par l'intervention des Esprits ne pouvaient pas être étudiés par la même méthode que les phénomènes d'ordre physique. Le besoin de *certitude*, qui est inné en nous, induisit bientôt les chercheurs à vouloir appliquer les méthodes positives aux deux ordres de connaissances, méthodes qui leur donnaient beaucoup plus de sécurité.

Le besoin de certitude et de sécurité a fait naître le scepticisme. Or vous connaissez le dicton : Il ne faut pas trop parler du diable, on le ferait venir. C'est une vérité qui est restée, sous forme de dicton, à l'état de survivance. On n'y attache aucune importance ; on ne se doute pas du tout que ce soit vrai, mais on le répète comme on répète un certain nombre de plaisanteries, comme on dit aux enfants que, s'ils ne sont pas sages, le loup va venir les manger, ou bien, Croque-mitaine va descendre par la cheminée.

C'est que, en effet, rien n'éloigne les Esprits comme de ne pas s'occuper d'eux, ne pas penser à eux, ne pas croire à leur existence.

Quand je parle des méthodes positives à propos des hommes des temps passés, on pourrait se demander si je me rends bien compte de ce que je dis. On sait bien que les méthodes scientifiques rigoureuses ne datent que des temps modernes. C'est vrai ; j'ajouterai même que la véritable méthode, celle qui ne tient compte que des faits bien constatés, et établit une séparation bien nette entre le fait lui-même et les inductions, les théories, les hypothèses, cette méthode réellement et complètement positive, ne date que de la fin du siècle dernier.

Mais en tout il y a des degrés, et les premiers balbutiements du positivisme sont déjà du positivisme.

Il est donc arrivé un moment où les manifestations de l'invisible sont devenues plus rares, et se sont cantonnées dans certains groupes d'hommes qui continuaient à s'en occuper. C'est ainsi qu'il en est encore aujourd'hui.

Cette diminution de nos relations avec l'Invisible est-elle un mal, est-elle un bien ? Elle était nécessaire. Elle présente, du reste, des avantages et des inconvénients. Aujourd'hui que les hommes sont plus éclairés, que leurs croyances ont cessé d'être irraisonnées, les inconvénients de ces intercommunications ont singulièrement diminué, et elles sont devenues beaucoup moins dangereuses.

Quoi qu'il en soit, de tout temps on a constaté, non seulement qu'il y avait des intelligences dans l'Invisible, mais encore qu'il y en avait de différentes natures, et qu'elles jouissaient d'une certaine puissance, variable selon leur nature. On s'est aperçu aussi que ces intelligences, qu'on appelle du nom général d'Esprits, s'occupent de nous, du moins quelques-unes, un grand nombre.

Le point de vue utilitaire, qui était à peu près le seul dont les hommes se préoccupaient, a bientôt déterminé une classification sommaire des Esprits en deux catégories : ceux qui nous font du bien et ceux qui nous font du mal. Plus tard, on y a adjoint une troisième classe : ceux qui ne nous font ni bien ni mal, qui sont susceptibles de nous faire aussi bien l'un que l'autre. Ceux qui nous font du bien ont été appelés les bons Esprits, les autres les mauvais Esprits.

Classification des Esprits. — Les Esprits sont extrêmement nombreux, beaucoup plus nombreux que les hommes ; ils se divisent en un grand nombre de classes. Je ne vais pas en faire une description complète ; je me contenterai de vous indiquer les principales classifications, que j'ai résumées dans le tableau suivant :

MYTHOLOGIE GRÉCO-ROMAINE

Fatum. — Puissance mal définie, à laquelle les dieux eux-mêmes étaient soumis.

Dieux. — Puissances suprêmes, divisées en 12 grands dieux et une multitude de dii minores, tous soumis à Zeus ou Jupiter.

Demi-dieux. — Provenant des relations d'un dieu avec une mortelle, ou réciproquement.

Esprits divers. — Δαίμονες, démons, bons et mauvais : Ἀγαθοδαίμονες et Κακοδαίμονες génies, lares, etc.

Héros. — Hommes et femmes ayant été élevés à la dignité de dieux, par l'Apothéose.

Manes. — Esprits des ancêtres, généralement protecteurs.

ANGÉLOLOGIE DES HÉBREUX

1. *Hajoth Ha-Kadosch* . . Animaux saints.
2. *Ophanim* . . . . Formes ou roues.
3. *Aralim*. . . . . Grands Anges.
4. *Hasmalim* . . . . . les lucides, bienfaisance, imagination.
5. *Séraphim* . . . . Esprits brûlants de zèle.
6. *Malachim*. . . . . . les Messagers, les rois.
7. *Elohim* . . . . les dieux.
8. *Beni-Elohim* . . . . . les fils des dieux.
9. *Cherubim* . . . . . . puissances fécondantes.
10. *Ischim* . . . . les hommes forts, les héros,

ANGÉLOLOGIE CHRÉTIENNE

Ire HIÉRARCHIE. — *Assistante.* — Agissant dans le plan Céleste.

7 assistants : *Michel.* Quis ut Deus ?
Gabriel Force de Dieu (Geborim).
Raphael Force médicatrice de Dieu.
Uriel. Lumière, Feu de Dieu.
Seatiel ?
Jehudiel ?
Barachiel ?

On ne connaît pas très bien la signification de ces trois derniers.

1er Chœur : *Séraphins.* — Amour divin ; nous purifient par le feu et nous enflamment de l'amour de Dieu.

2e Chœur : *Chérubins.* — Ministres de bonté; miséricorde, Providence. Gardent l'Arbre de vie, vérité, plénitude de science.

3e Chœur : *Trônes.* — Veillent toujours. Tribunal jugeant les empires, les rois, les gouvernants ; président à l'avenir de l'univers.

2e HIÉRARCHIE :— *Dirigeante.* — Agissant dans les plans Mental et Astro-Kamique.

4e Chœur : *Dominations.* — Etablissent la domination de Dieu dans les âmes et sur tout être créé.

5e Chœur : *Vertus.* — Force invincible dans l'ordre de la nature. Grâces, miracles, guérisons miraculeuses.

6e Chœur : *Puissances.* — Combattent l'influence des démons, sur lesquels ils ont un pouvoir despotique ; les empêchent de nous tuer, limitent leurs tentations et les catastrophes.

3e HIÉRARCHIE. — *Réalisante.* — Agissant dans le plan Physique par le plan Astral.

7e Chœur : *Principautés.* — Veillent au gouvernement temporel et spirituel des villes, provinces et royaumes.

8e Chœur : *Archanges.* — Ambassadeurs de Dieu ; annoncent ses grands desseins sur le genre humain ; dirigent les Anges ; ont des missions spéciales.

9e Chœur : *Anges.* — Messagers ; volent au premier signe de la volonté du Seigneur ; prennent soin de nos âmes ; anges gardiens.

Haute Magie

Dieu.

Manifestation du Verbe dans le plan Céleste, d'où il rayonne dans tous les plans.

Vierge céleste, Πρωτοκτίσμα, et ses diverses personnifications.

Anges et dieux.

Saints.

Génies. — Groupe varié, contenant de nombreuses classes d'Esprits, ne provenant pas du plan Céleste, ne dépassant pas le Mental supérieur.

Messagers et Ouvriers. — Esprits subordonnés, bien différents des Anges, ἄγγελοι, messagers.

Désincarnés. — A divers degrés d'évolution

Elémentals. — Esprits très nombreux et très variés, depuis des infiniment petits jusqu'à des monstres gigantesques. Ils élaborent les Forces.

Esprits élémentaires, qu'il ne faut pas confondre avec les Elémentals, qui animent les éléments physiques.

Esprits divers, démons, lutins, djinns, korrigans, etc.
Les Fées sont d'origines diverses ; les unes appartiennent à cette catégorie, d'autres à la classe des Génies.

Larves / *Egrégores* } Entités artificielles.

De toutes ces puissances de divers ordres, je ne fais qu'une simple énumération, car leur description exigerait plusieurs leçons et serait un cours complet d'Occultisme. Cela dépasserait beaucoup le programme de cette brochure.

Je crois cependant devoir, pour la clarté de ce qui va suivre, vous donner un aperçu de la division du Monde en Plans et de la Constitution de l'Homme.

Théorie de la Matière. — La Matière visible, celle qui est perceptible pour l'un quelconque de nos sens, n'est qu'un mode particulier de ce que nous pouvons appeler la *Matière première*.

Comme il est commode pour la démonstration de donner un nom aux choses dont on parle, vous me permettrez de donner le nom de *Hylé* à la matière première, ou primordiale.

Le mot ὕλη en grec veut dire matière, sans préoccupation de propriétés ou de modalités. Mais rien n'empêche de désigner par ce mot la matière proprement dite, le substratum brut, avant toute adjonction. J'appellerai donc *Hylé* la matière première, quelque chose d'analogue à la Prâkriti des Hindous.

La Hylé ne possède aucune propriété, mais elle est susceptible de les acquérir toutes. Elle se compose de particules qu'il m'est impossible d'appeler *atomes*, parce que ce mot est employé de longue date pour désigner la parcelle irréductible, le dernier terme de division de la matière physique, et qu'il faut éviter de donner aux mot un double emploi, de peur de produire des confusions, absolument regrettables dans des descriptions scientifiques.

Toute la physique est basée sur la conception des atomes, dernières parcelles de division, au delà desquelles il n'y a plus rien. La découverte du Radium a culbuté cette notion ; quelques physiciens ont perdu pied et n'ont pas craint de dire que la matière pouvait être détruite et rentrer dans le néant, ce qui est contraire aux notions positives de la physique, et ce qui est en outre absurde. En effet, non seulement rien ne se crée et rien ne se perd, mais l'hypothèse contraire est inutile, l'hypothèse de la destruction de la matière n'explique pas les phénomènes que le radium nous a révélés.

La destructibilité de la matière a été visiblement inspirée par une théorie inadmissible, acceptée pourtant par quelques physiciens. D'après cette théorie, la matière n'existerait pas, elle ne serait que le résultat d'un conflit de forces. L'atome se détruisant, ce serait la libération de ces forces, qui sont énormes, et ainsi s'expliquerait la quantité prodigieuse d'énergie provenant du radium, sans que pour cela il diminue de poids d'une manière sensible. Cette théorie doit plaire aux Théosophes, qui considèrent la matière comme la Mayâ, l'illusion.

Mais, outre qu'il est difficile, sinon impossible de se représenter des forces sans substratum, ne provenant de rien et ne s'appliquant qu'à elles-mêmes, ce qui est du reste contredit par des faits positifs dont la discussion nous entraînerait trop loin, outre cette impossibilité quel besoin avons-nous de supposer des forces si considérables en dehors des forces *interatomiques* ? Qui prouve que, s'il existe des forces *intraatomiques*, elles soient s considérables ? On est obligé d'accumuler hypothèses sur hypothèses, ce qui est toujours une mauvaise méthode, tandis que les forces *interatomiques*, dont nous sommes certains, suffisent amplement à expliquer tout.

En réalité, les atomes ne sont pas infiniment petits, dans le sens mathématique du mot.

Si je divise un nombre quelconque par un autre nombre, le quotient sera d'autant plus petit que le diviseur sera plus grand. Si je divise une quantité a par 2, puis par 4, puis par 8, par 16, par 32, etc., j'aurai une série de quotients de plus en plus petits. Tant que le diviseur b sera un nombre *fini*, le quotient, lui aussi, quelque petit qu'il soit, sera un nombre *fini*, de sorte que, si j'exprime par a et b des nombres *finis*, je puis écrire $\frac{a}{b} = q$, un nombre *fini*.

La quantité a restant toujours la même, si je fais varier b en lui donnant des valeurs de plus en plus grandes, le quotient q ira toujours en diminuant, sera de plus en plus petit.

Or, une quantité peut augmenter indéfiniment ; vous ne pouvez pas concevoir de *limite* à cette augmentation ; une quantité, quelque grande qu'elle soit, peut encore devenir plus grande ; quand une quantité augmente ainsi d'une manière continue, on dit qu'elle tend vers l'*Infini*, et on appelle *infinie* une quantité plus grande que toute quantité donnée.

En mathématiques, on a à considérer des quantités croissantes et des quantités décroissantes ; on appellera donc infiniment grande une quantité plus grande que toute expression numérique ; on la représente par le signe ∞, et on appelle infiniment petite une quantité plus petite que toute fraction qu'on puisse concevoir. L'infiniment petit tend vers une limite qui est zéro, représenté par O.

Nous pouvons donc écrire $\frac{a}{b} = q$ et $\frac{a}{\infty} = o$. L'infiniment petit est une quantité indéterminée, car, quelque grand que soit le diviseur b, on peut encore le supposer plus grand, sans que pour cela il soit infini, et le quotient q deviendra plus petit, sans pour cela être égal à zéro.

Vous voyez que nous ne pouvons pas dire que les atomes soient infiniment petits, car ils sont des quantités finies, que les lois de la physique et de la chimie démontrent être toujours semblables à elles-mêmes. Il y a donc une limite à la division de la matière, du moins de la matière telle que nous la connaissons, et que nous appelons la matière physique. Cette limite est atteinte quand nous sommes en présence de l'atome, qui est, non pas infiniment petit, mais seulement très petit.

Le mot atome, ἄτομος indivisible, de α privatif et τέμνω ou τομένω, couper, ne signifie pas qu'il soit en réalité impossible à diviser d'une manière absolue. L'atome est parfaitement divisible, mais en cessant d'être une partie constituante de la matière physique.

Nous avons quelque chose d'analogue, sans sortir de la physique elle-même, quand nous comparons la *molécule* à l'*atome*. La molécule, *molecula*, petite masse, peut être composée d'un ou de plusieurs atomes ; la molécule d'eau est composée d'un atome d'oxygène et de deux atomes d'hydrogène, en tout trois atomes. Vous concevez bien qu'on puisse séparer ces trois atomes et diviser ainsi la molécule en trois parties plus petites qu'elle n'était elle-même. C'est vrai ; mais alors il y a décomposition : vous aviez de l'eau ; après la division, vous n'avez plus d'eau. La molécule d'eau est donc indivisible en tant qu'eau, mais elle n'est pas indivisible en tant que matière.

Nous dirons donc que le dernier terme de la division chimique de la matière est la molécule ; le dernier terme de sa division physique est l'atome.

Il va en être de même maintenant pour l'atome lui-même : nous dirons que l'atome est le dernier terme de la division de la matière, en tant que matière physique. Si nous divisons l'atome, nous passons d'une *modalité* de la matière à une autre

En occultisme, on a pris l'habitude de désigner sous le nom de *Plans* les diverses modalités de la matière.

Nous dirons donc que la *molécule* ne peut pas être divisée sans changer de nature, et que l'*atome* ne peut pas être divisé sans changer de plan.

Vous me pardonnerez ces explications un peu arides ; mais il est impossible de se faire une idée exacte de ce que nous entendons par *plans*, si nous ne commençons pas par étudier les propriétés essentielles de la matière ; car, après tout, les plans ne sont que de la matière, non pas sous divers états, mais sous diverses modalités.

Vie universelle. — Revenons maintenant à la Hylé ou matière primordiale. Comme nous le verrons tout à l'heure, elle n'appartient à aucun plan,et elle peut leur appartenir à tous en devenant vivante. Nous pouvons, en l'envisageant ainsi, la considérer comme divisible presque jusqu'à l'infini. Le dernier degré de division de la Hylé est comparable à ce que, en mathématiques, on appelle une *différentielle*. Cette dernière particule, presque aussi indéterminée que l'infiniment petit, n'en diffère que parce qu'elle ne peut pas atteindre la limite zéro, car la matière est indestructible.

La *Vie*, sous une forme ou sous une autre, existe partout ; la matière que nous appelons brute est loin d'être brute, elle est parfaitement vivante, mais d'une vie spéciale. C'est cette vie qui détermine sa modalité, autrement dit le plan auquel elle appartient.

La matière primordiale, ou Hylé, est dénuée de toute vie : l'attraction, qui est une des formes de la vie, n'y existe même pas ; il en résulte que les particules extrêmement petites qui la composent sont séparées les unes des autres, sans aucune cohésion. Cette matière n'a aucune propriété, ou, pour mieux dire, n'a qu'une seule propriété, c'est d'exister. Elle est irréductible et indestructible ; c'est elle qui est réellement *impénétrable*, dans toute la force du mot.

Vous pouvez comprendre maintenant le sens ésotérique de l'enseignement chrétien, pareil en cela à l'enseignement de toutes les grandes religions : l'Actif et le Passif, l'Esprit et la Matière. Joignez-y la grande conception de l'unité de la matière, essentiellement passive, puisqu'elle ne possède aucune propriété. Un terme moyen, la vie, conséquence de l'union de la Hylé avec une âme ou esprit, en fait la matière vivante que vous connaissez sous ses divers modes et ses diverses *formes*.

La Vie, terme moyen, qui détermine la manière d'être de la matière, n'existe pas comme principe séparé ; elle n'est qu'une conséquence, mais, comme telle, elle a bien une existence réelle.

Trinité. — Vous pouvez aussi commencer à comprendre la *Trinité*, qu'on vous donne comme un mystère. Il n'y a de mystères que pour ceux qui ne veulent pas ouvrir les yeux et voir les vérités que Dieu nous montre pourtant avec évidence.

Dans la Nature, vous avez la Trinité créée, reflet de la Trinité divine : le premier terme, l'Actif, l'Esprit ; le second terme, le Passif, la Hylé, la matière primordiale ; le troisième terme, l'intermédiaire, la Vie.

Dans la Trinité divine, le Fils est *engendré* du Père, et le Saint-Esprit *procède* des deux. Dans la Trinité naturique, tout est créé : nous ne pouvons plus employer le mot *engendré* ; l'Esprit trouve la Matière toute créée, mais il la façonne et l'approprie, *mens agitat molem*. Nous dirons donc que l'Esprit anime et façonne la Matière ; il lui donne sa véritable valeur, sa véritable essence dans chaque plan, en déterminant en elle ce que nous appelons des forces, des propriétés, en un mot la Vie qui lui est propre : vie physique, vie astrale, vie kamique, etc. Et alors, nous pouvons dire que la vie procède de l'Esprit et de la Matière ; nous pouvons dire aussi, comme les Scolastiques Aristotéliens, que l'âme est la forme du corps, ou l'esprit est la forme de la matière.

Alchimie. — Nous pouvons aussi comprendre la *Teinture* des philosophes Hermétiques, dont la matière première est notre Hylé. Ce qu'on appelle le Grand Œuvre consiste à choisir une matière dont la vie ne soit pas très énergique, de façon à pouvoir la tuer, ce qu'on symbolise par *matière noire*, *caput mortuum*, *cadavre*, *putréfaction*, etc. On obtient ainsi la véritable matière première, la Hylé, ou tout au moins une matière qui en est bien voisine, et dans laquelle la *substitution* peut s'opérer. Il ne reste plus qu'à lui communiquer la Teinture, c'est-à-dire l'influx qui lui donnera la vie aurique.

Pour cela, on la met sur un feu doux, un feu de fermentation, qui lui donne les propriétés femelles : la réceptivité, la possibilité d'être fécondée, ce qui est déjà une vie élémentaire moins incomplète.

A ce moment, elle est devenue la Reine. Il ne reste plus qu'à introduire le Roi dans l'Athanor.

Il faut pour cela prendre une parcelle d'or, quelque minime qu'elle soit, lui faire subir des réactions chimiques (le vinaigre fort), qui le mette dans un état comparable à ce qu'on appelle en chimie l'*état naissant*, état que nous appellerons le *rut*. La copulation a lieu, elle est suivie d'un grand silence, puis la matière prend successivement et lentement diverses couleurs, diverses consistances : queue de paon, matière blanche, matière rouge, etc. ; elle se liquéfie, se solidifie, et finalement reste à l'état d'une poudre rouge : c'est la pierre philosophale ou poudre de projection.

Tout ce travail est comparable à ce qui se passe dans l'organisme animal, pour la production du spermatozoïde, d'une part, et de l'ovule, d'autre part. La poudre de projection, résultant de la copulation du Roi et de la Reine, est hermaphrodite, et les alchimistes la représentent souvent ainsi, c'est-à-dire qu'elle est un œuf fécondé, ou plutôt une multitude d'œufs fécondés, à qui il ne manque que la nourriture et les conditions extérieures favorables pour se développer.

Le plomb fondu, porté à une température plus élevée que son point de fusion, représente l'albumine de l'œuf, autrement dit, la nourriture. La température ne doit pas varier au delà d'un point maximum et en deçà d'un point minimum. Entre les deux se trouve la condition qu'en Histoire Naturelle on appelle l'*optimum*.

Dans ces conditions, l'œuf aurique se développe, se nourrit de plomb, qu'il *assimile* en s'accroissant, et finalement devient adulte, si tout est bien conduit. Le plomb disparaît, tout se solidifie ; il faut alors pousser le feu graduellement jusqu'à ce que tout entre de nouveau en fusion, et alors on a une masse d'or pur, d'une plus grande valeur que l'or généralement en circulation. On trouve au fond du creuset la partie non assimilable, sous forme de scories ; ce sont les *excréments*.

J'ai supposé, dans tout ce qui précède, que toute l'opération a été conduite par un homme expérimenté. Mais il arrive quelquefois des accidents de développement, qui font obtenir de l'or à l'âge d'enfant ou de jeunesse, etc. ; je n'en dirai rien, car je n'ai pas l'intention de vous enseigner l'art de faire et de parachever le Grand Œuvre ; j'ai voulu seulement vous donner une illustration de la manière dont la matière se comporte en présence des forces invisibles, pour redevenir Hylé, être féminisée, fécondée, puis se développer et recevoir sa *Forme*.

J'ajouterai seulement que quelques philosophes ont eu connaissance de la marche à suivre et ont réussi à fabriquer réellement de l'or. Quelques passages de leurs écrits, et surtout quelques-unes de leurs figures symboliques, prouvent qu'ils ont eu connaissance de la théorie, telle que je viens de vous la développer en termes clairs.

Enfin, je ne dois pas vous cacher que théorie et pratique ont la même source : jamais un homme ne les a communiquées à un autre homme. Aujourd'hui, la théorie peut être donnée, doit même être donnée ; mais la pratique reste et restera toujours un secret qui ne sera communiqué que par l'invisible, et à bon escient. Vous comprenez facilement pourquoi.

A ce propos, je dois encore détruire un préjugé. On dit que ce secret n'est jamais donné qu'à la condition de ne pas s'en servir, c'est-à-dire que ceux-là seuls qui vivront dans la pauvreté plutôt que d'utiliser à leur profit l'or qui proviendrait de l'opération hermétique, ceux-là seuls en auront connaissance. C'est une profonde erreur. Dieu ne nous donne jamais rien avec défense de nous en servir : il peut nous donner des conseils de prudence, comme pour le fruit de l'arbre de la science, mais il nous laisse libre, comme toujours, de faire ce que nous voulons ; le contraire serait absurde.. La vérité est que les rares sages auxquels le secret a été révélé avaient le mépris de la richesse et ne voyaient dans cette opération qu'une connaissance scientifique et une ouverture de l'esprit sur des mystères extrêmement intéressants. Tous cependant ne se sont pas bornés à ces simples spéculations de l'esprit, Nicolas Flamel, entre autres, a parfaitement utilisé l'or qu'il produisait.

Explication de la Trinité. — Revenons à la Trinité, Tri-Unité, c'est-à-dire Un en Trois, sans cesser d'être Un, trois Hypostases en un seul être. Un être vivant, un homme, par exemple, est Tri-Un : Esprit ou âme, Matière ou corps, et Vie, qui réunit l'âme au corps, le tout formant un seul homme. Voilà pourquoi en Théologie on considère l'homme comme un composé de corps et d'âme, indissolublement unis par la vie, qui reste sous-entendue, mais qui se trouve si bien impliquée dans ce tout que, après la mort, c'est-à-dire l'absence de la vie, l'homme n'existe plus ; il n'y a plus qu'un cadavre qui reste et une âme qui s'en va. L'homme n'existe donc qu'à la condition de contenir son troisième terme, la Vie.

Quant à la Trinité divine, elle ne présente aucune difficulté. Dieu existe par lui-même, de toute éternité ; il est unique et ne peut pas être autrement qu'unique ; sans cela il y aurait antagonisme et rien de ce qui existe ne pourrait, exister. Dieu, conçu en tant que l'Absolu, ne comporte aucune autre conception que l'Absolu lui-même. Mais il en est autrement si nous concevons Dieu comme créateur, c'est-à-dire en activité, et il est impossible de le considérer autrement, l'absolu n'est qu'une pure abstraction.

Dieu, considéré comme créateur, engendre le Verbe, qu'on appelle aussi le Fils, parce qu'il est engendré, et alors lui-même est considéré comme Père, puisqu'il a engendré. L'amour du Père pour le Fils, qui n'est après tout que l'amour de Dieu pour lui-même, représente le lien qui maintient l'unité, malgré une extériorisation, qui est exprimée par le quatrième évangéliste par les mots καὶ ὁ λόγος ἦν πρὸς τὸν θεὸν, et le Verbe était devant Dieu.

Il est bien clair que, jusqu'à présent, l'unité de Dieu n'est pas entamée ; c'est bien toujours du seul et unique Dieu que j'ai parlé.

Pourtant, le Père et le Fils, et leur lien, l'Amour, la Lumière, le Saint-Esprit, sont trois personnes ; sans cela il n'y aurait pas Trinité.

Que nous exprimions ces trois personnes par le mot Hypostase, ce qui se tient dessous, ou par le mot Personne, qui veut dire masque, il n'y a de différence qu'en ce fait que le premier mot est grec, tandis que le second est latin. Ce qui se tient en dessous, le substratum, ou bien le masque, ce qui est apparent et se tient au-dessous de la réalité, c'est bien la même chose. En Kabbale, on parle du vêtement de Dieu, ce qui est encore la même chose.

Donc les mots ὑπόστασις et persona expriment la contre-partie matérielle, consistant en une matière qui diffère totalement de celle dans laquelle nous vivons, matière physique. Cette matière est à Dieu ce que le corps glorieux de saint Paul est à notre âme.

Dieu est partout, il est pur Esprit ; il peut donc animer un corps sans cesser d'être indépendant. Les théologiens disent que Dieu ne peut pas avoir de corps parce que l'âme, dans un corps, est dépendante, et Dieu ne peut pas être sous une dépendance quelconque. En cela, ils raisonnent très mal : de ce que leur âme est sous la dépendance de leur corps, il ne s'ensuit pas que ce soit une condition inéluctable de l'union de l'âme et du corps. Il est certain que, au degré d'évolution où nous sommes arrivés, notre âme est encore sous une assez grande dépendance de notre corps, mais beaucoup moins cependant qu'il y a quelques milliers d'années. Le but de notre évolution est justement de libérer notre âme et de lui donner la maîtrise absolue sur notre corps, qui sera alors un esclave soumis, ou plutôt un serviteur dévoué et obéissant, qui n'exercera plus aucune pression sur notre âme. Il n'est pas bien difficile de concevoir que Dieu puisse animer un corps sans perdre une parcelle de son indépendance ni de sa toute-puissance.

Le Λόγος, émanation divine unie à la matière supra-céleste, pour devenir créatrice, laisse intact l'Absolu, Dieu, ne cessant pas d'être le Père, pur Esprit, appelé la première Personne par abus de langage, parce que, en tant que Père, il reste pur Esprit ; mais cet abus de langage est permis en raison d'une conséquence logique du mot *persona*. On prend un masque pour jouer un rôle. Or le pur Esprit, absolument immatériel, joue le rôle de Père ; de ce fait, il est une personne.

Ce raisonnement pourra paraître un peu tiré par les cheveux ; mais il ne faut pas que cela vous étonne : en théologie, il en est très souvent ainsi. Cela tient aux habitudes scolastiques, qui sont restées chères aux théologiens, et Dieu sait combien les mots illusionnent et prennent la place des choses, dans l'argumentation scolastique !

Le Père et le Fils restent unis ; cette union procède bien du fait de cette quasi-séparation, sans laquelle elle n'aurait ni raison d'être ni existence. On l'appelle le Saint-Esprit, l'Esprit d'Amour, l'Esprit de Lumière, de Science, etc., et aussi le Consolateur, parce que cette Personne divine, procédant du Père et du Fils, réunit les deux; mais aussi pénètre le monde plus que le Fils.

Le Verbe a pris un corps physique pour devenir Jésus et se communiquer à nous pour l'œuvre de rédemption ; le Saint-Esprit est *personnifié* dans un vêtement céleste, mental et kamique, pour rester en communication avec nous et nous consoler, en même temps qu'il nous instruit.

Toutes ces choses-là sont difficiles à expliquer, mais ne sont pas difficiles à comprendre ; si mes explications ne sont pas suffisamment intelligibles, cela tient à ce que j'ai été maladroit, mais ce n'est pas parce que la vérité est difficile à voir. C'est une affaire d'intuition, mais les intuitions ne sont pas toujours faciles à traduire en langage.

Je sais bien que les théologiens n'accepteront pas cette conception de la Trinité ; ils n'en accepteront du reste aucune, car ce qui est expliqué n'est plus un mystère, et il leur faut des mystères.

Ils devraient pourtant bien réfléchir que l'institution du mystère de la Trinité est purement humaine. Nous ne devons considérer comme divin que ce que Jésus-Christ nous a révélé. Or, nulle part dans les Evangiles, il n'est question de la Trinité, c'est-à-dire d'un seul Dieu en trois Personnes. Il est question du Père, du Fils ou Verbe; il est question aussi de l'Esprit, du Saint-Esprit, de l'Esprit consolateur ; il est dit aussi que celui qui voit le Fils voit le Père. Enfin, la formule du baptême se trouve dans un passage : Baptisez au nom du Père, du Fils et du Saint-Esprit. Ce dernier passage est contesté, mais acceptons-le ;

il ne prouve rien; il ne fait pas partie de l'enseignement, de la doctrine.

Mais, dans quel passage Jésus dit-il que le Père, le Fils et le Saint-Esprit fassent un seul Dieu en trois personnes ? Il n'y a que dans le quatrième Evangile qu'on pourrait trouver quelque chose de cet ordre ; mais, à la simple lecture, il est visible que l'unité dont il est question n'est qu'une figure :

Jean XIV, 20. — En ce jour-là, vous reconnaîtrez que je suis en mon père, et vous en moi, et moi en vous.

XV, 5. — Demeurez en moi et moi en vous, comme la branche ne saurait porter de fruit d'elle-même, si elle ne demeure attachée au cep de la vigne ; il en est ainsi de vous autres, si vous ne demeurez pas en moi.

XVII, 11. — Père saint, conservez en votre nom ceux que vous m'avez donnés, afin qu'ils soient un comme nous.

22. — Et je leur ai donné la gloire que vous m'avez donnée, afin qu'ils soient un comme nous sommes un.

23. — Je suis en eux et vous en moi, afin qu'ils soient consommés dans l'unité...

Il est bien visible qu'il n'y a là qu'une figure comme quand on dit que l'homme et la femme ne sont qu'un. Jésus a recommandé à ses disciples de s'aimer les uns les autres et de l'aimer, de façon à ne faire qu'un dans leur amour : «... Vous demeurez dans mon amour... »

Jésus-Christ et son Père ne sont qu'un, mais en même temps, ses disciples aussi ne sont qu'un, et lui et eux ne sont qu'un, sont dans l'unité avec Dieu. Il n'y a donc là rien de relatif à la Trinité.

La conception trinitaire est donc bien une conception humaine, ayant pour but de concilier l'enseignement de Jésus avec l'unité divine, qu'il enseigne aussi, mais qui était déjà connue avant lui. S'il y avait un mystère dans le dogme de la Trinité, ça prouverait simplement que cette conception s'adapte mal à l'enseignement de Jésus. Mais tout le mystère réside dans ce point que les théologiens ne s'entendent pas sur les conséquences de ce dogme, et que la seule manière de maintenir l'unité de doctrine est de supprimer toutes les explications et de les remplacer par le mot *mystère*.

Nous conservons donc la doctrine trinitaire, sans dogme ni mystère; mais nous nous reconnaissons le droit de l'expliquer et de n'y voir aucun mystère. Du moment que nous sommes en face d'une vérité enseignée par le Christ et de l'interprétation de cette vérité, nous croyons à la vérité elle-même et nous discutons l'interprétation humaine, pour laquelle, après tout, nous sommes aussi compétents les uns que les autres, à la condition d'étudier le sujet avant d'en parler.

Constitution du monde. — Voyons maintenant comment les différentes philosophies ont compris la constitution du monde.

Pour les *Chrétiens*, il y a ce monde et l'autre monde, la vie présente et la vie future. La vie présente est la vie sur la terre; elle est très courte, et pourtant, c'est d'elle que dépend notre avenir pour l'éternité. L'autre monde, la vie future, c'est l'éternité dans le Paradis ou dans l'Enfer, avec un séjour temporaire, le Purgatoire, dans lequel on expie ses péchés pendant un temps variable, mais qui doit cesser d'exister à l'époque qu'on appelle la Fin du monde. On sort du Purgatoire pour aller en Paradis.

Les *Kabbalistes* divisent l'Univers en quatre mondes:

Aziluth, monde de l'*Emanation*. Ce monde correspond au plan céleste et reçoit l'action immédiate de Dieu ; l'influx divin lui parvient directement.

Briah, monde de la *Création*. Ce monde correspond au plan mental, νοῦς, ou *mentes abstractæ*. Il reçoit le concours divin du monde supérieur, d'Aziluth. L'influx divin ne lui vient pas directement.

Jésirah, monde de la *Formation*. Ce monde correspond au plan astral ; c'est en lui que naissent les germes invisibles. Il reçoit le concours divin par les Hiérarchies angéliques.

Aziah, monde de la *Fabrication*. Ce monde correspond au plan physique ; c'est le monde de la réalisation dans la matière. L'influx divin ne lui parvient qu'à travers les trois autres mondes.

Ce système se rapporte surtout à la création du monde. Au sommet, on voit, dans Aziluth, le Logos, qui émane de Dieu ; dans Briah, le Logos *crée* les puissances angéliques, qui elles-mêmes *forment* le monde dans Jézirah. Les êtres créés, à leur tour, dans Aziah, *fabriquent*, utilisent la matière.

On voit en outre que l'influx divin va toujours en s'atténuant, depuis Briah,qui le reçoit d'Aziluth, jusqu'à Aziah, qui le reçoit de Jésirah, qui lui-même le reçoit de Briah.

Les *Druides* divisaient l'univers en cercles :

Le cercle de Ceugant, cercle du vide, région vide, ne s'applique qu'à Dieu seul.

Le cercle de Gwynfyd, cercle de la félicité, séjour des âmes qui ne sont plus soumises aux transmigrations.

Le cercle d'Abred, cercle des transmigrations. Dans ce cercle, on est soumis à la mort.

ANNOUFEN n'est pas un cercle, à proprement parler; il est une dépendance d'Abred : c'est l'abîme ténébreux, le Chaos. Il contient le germe de toute vie ; il est le point de départ des transmigrations.

Les Druides croyaient aux réincarnations, se succédant jusqu'à ce que l'évolution soit terminée.

Les *Théosophes* divisent l'univers en sept plans et l'homme en sept principes :

Prâkriti, la matière vierge, qu'on pourrait assimiler, dans de certaines limites, au plan physique. On pourrait encore l'appeler le plan de Mayâ ou de l'illusion ; car, pour eux, la matière n'est qu'une illusion.

Jiva, la vie, qui n'est pas un plan, à proprement parler; je vous ai déjà dit ce que c'est que la vie ; il est inutile d'y revenir.

Akasa correspond à peu près à ce que nous appelons la lumière astrale, le feu astral.

Kama-Loka, plan du désir, n'a pas tout à fait la signification que je donne au plan Kamique, mais les différences portent en partie sur la valeur qu'on donne au mot *désir*.

Le plan *Manasique* correspond à peu près au plan mental, il contient le Dévachan, paradis provisoire, du moins dans la conception hindoue.

Le plan *Buddhique*, plan de la connaissance, du monde angélique.

Le plan *Atmique*, dont on ne connaît que peu de chose. Il contient le Nirvana.

Les sept principes de l'homme correspondent chacun à l'un des plans.

Rupa, ou *Sthula-Sharira*, correspond au plan physique; c'est notre corps visible.

Prana, le souffle, la vie, correspond à Jiva.

Linga-Sharira, à peu près le corps astral, il correspond au plan d'Akasa.

Kama-Rupa, le corps du désir, correspond au plan du Kama-Loka.

Manas, l'homme intelligent, corps mental, correspond au plan manasique.

Buddhi, corps angélique, correspond au plan buddhique, plan de connaissance.

Atma n'est plus un corps ; c'est à peu près ce que nous appelons l'âme. Les Théosophes ne le décrivent pas; ils disent connaître très peu de chose de Buddhi et rien d'Atma.

Cette division a certainement une grande valeur et a rendu bien des services dans les études d'Occultisme. Elle a fait comprendre bien des choses qui restaient obscures, faute de classification.

Je profite de l'occasion pour manifester ma sympathie pour les Théosophes. Vous vous apercevrez facilement que je n'accepte pas toujours leur manière de voir : je ne conçois pas le monde comme eux ; mais je dois reconnaître qu'ils ont été très utiles aux étudiants en Occultisme.

Des Spirites, il y a peu de chose à dire : ils reconnaissent trois principes en l'homme : le Corps, le Périsprit et l'Esprit ou Ame. A la mort, le corps est abandonné par l'Esprit, qui s'en va dans l'Espace avec son Périsprit. Il passe par une période douloureuse qu'on appelle l'Etat de Trouble, et, finalement, il va dans la Lumière. Depuis quelque temps, ils appellent aussi le Périsprit le Corps Astral.

Voici maintenant comment je conçois le Monde :

Je divise d'abord tout ce qui existe en deux grands

êtres : Dieu et l'Univers. De Dieu, je n'ai rien à dire ; il est Dieu, le créateur, et c'est tout.

Je divise ensuite l'Univers en cinq plans. Dieu étant partout, pénétrant tout, et occupant le seul plan universel, le vide de Ceugant, le *plan divin*, dans lequel aucune créature ne pénètre.

Le plan divin étant mis à part, le monde se divise en cinq plans, caractérisés par le mode particulier de la matière qui le compose et par les habitants qui y vivent à un titre quelconque.

Ames et modalités diverses de la matière. — La matière primordiale, la Hylé, ne jouissant d'aucune propriété, ne fait partie d'aucun plan. Elle est inerte et invisible ; elle n'est pas « informe et nue », « *inanis et vacua* » ; elle est תהו ובהו tohou, va bohou, ce que la version des Septantes traduit très bien par ἀόρατος καὶ ἀκατασκεύαστος, invisible et informe.

En effet, quelque chose qui existe, mais n'est le siège d'aucune force, ne peut pas être vu, car ce quelque chose est inerte pour la lumière comme pour les autres agents. Son inertie, au point de vue de l'attraction, l'empêche aussi de se grouper et de prendre forme.

Si cette matière est animée par les petites âmes élémentaires dont je vais bientôt vous parler, elle acquiert immédiatement des propriétés, différentes selon les principes vitaux ou âmes qui les animent.

Les parcelles infiniment petites de matière primitive, étant animées par des âmes qui ne sont pas toutes semblables, ne s'attirent pas toutes indistinctement, sans choix, mais se sélectent et s'attirent selon leurs sympathies réciproques, pour former les corps des divers plans, C'est le résultat de la *grande loi d'amour, l'amour universel.*

Les âmes élémentaires animent les dernières particules de la matière et leur communiquent leurs propriétés, leurs caractéristiques. Si tout se bornait là, ces particules s'attireraient, comme je viens de le dire, et formeraient des masses informes.

Mais des âmes d'un degré plus élevé interviennent alors, qui leur donnent leur véritable forme.

Il y a une hiérarchie parmi les âmes. Le pseudo-Denis l'Aréopagite l'a très bien vu ; son seul tort a été de vouloir la reproduire sur la terre : cette reproduction ne pouvait être qu'artificielle et maladroite. Dans l'invisible, la hiérarchie est naturelle ; les considérations de personnes n'ont rien à y voir. Sur la terre, on donne volontiers la prééminence à un imbécile ou à un homme inférieur, en raison de sa fortune, de ses relations, etc. Tout est artificiel. On pourrait croire qu'on évite cet échec en hiérarchisant les fonctions : pas davantage ; les fonctions sont remplies par des hommes, et ces hommes ne seront pas toujours à la hauteur de ces fonctions. Il arrivera aussi qu'on donnera la prééminence à une fonction sur une autre, qui lui est pourtant supérieure, à cause des hommes qu'on est obligé d'y subir, pour diverses considérations.

Mais, dans l'invisible, tout cela est impossible : les âmes sont hiérarchisées suivant leur plus ou moins grande valeur, absolument comme sur le plan physique, plusieurs liquides mélangés se superposent d'eux-mêmes, sans aucune intervention, selon leur ordre de densité, les plus lourds en bas, les plus légers en haut. Si l'on intervertit l'ordre, il se rétablira de lui-même.

Au-dessus des âmes élémentaires, il y a les âmes minérales, qui groupent les parcelles de façon à former tous les êtres du règne minéral : métaux, métalloïdes, pierres, etc., qui, dans leur forme parfaite, sont cristallisés

Viennent ensuite les âmes végétales, qui commandent aux parcelles, directement ou par l'intermédiaire des âmes minérales, surtout par ce dernier moyen. Les âmes végétales commandent aux âmes minérales et les organisent, c'est-à-dire leur font produire des organes qui se groupent ensuite sous leurs ordres pour former les divers végétaux.

Les âmes animales commandent aux âmes végétales et aux âmes minérales, pour former les divers minéraux. Ce sont les âmes les plus élevées parmi les hiérarchies inférieures.

Chacun de ces groupes est lui-même hiérarchisé; les âmes minérales sont d'inégale valeur ; il en est de même des âmes végétales et des âmes animales. Les âmes animales les plus élevées forment le corps de l'homme.

Ces âmes, qu'on peut appeler des âmes collectives, obéissent elles-mêmes à des âmes que nous appellerons spécifiques, qui déterminent les espèces dans chaque règne. Les âmes spécifiques, enfin, obéissent à des âmes individuelles, les plus élevées dans la hiérarchie générale.

Les âmes spécifiques sont hiérarchisées entre elles, et il en est de même des âmes individuelles.

A partir des âmes individuelles, nous entrons dans les hiérarchies supérieures, dont les âmes humaines sont le premier terme, le plus inférieur.

Voilà, en abrégé, ce qu'il est indispensable de savoir pour comprendre ce qui va suivre.

Les âmes élémentaires obéissent toujours, ponctuellement, aux âmes minérales ; les âmes minérales obéissent presque toujours aux âmes végétales, lesquelles obéissent aussi très bien aux âmes animales, pas d'une manière absolue, mais immensément plus que les âmes animales elles-mêmes aux hiérarchies supérieures.

Plus les âmes sont élevés, plus elles ont de difficulté pour obéir aux âmes qui leur sont supérieures ; ce n'est pas par mauvaise volonté, elles s'y efforcent de tout leur pouvoir ; mais les ordres deviennent de plus en plus nombreux, de plus en plus compliqués et de plus en plus difficiles à exécuter.

L'évolution donne à chacune de ces âmes une facilité de plus en plus grande pour exécuter ces ordres. Plus les âmes sont éleveés, plus leur maîtrise est considérable sur les âmes qui leur sont inférieures, et plus les ordres sont exécutés ponctuellement.

Pour la facilité du langage, nous appellerons âmes supérieures ou dirigeantes, les âmes individuelles,et âmes intermédiaires, les âmes collectives et les âmes spécifiques.

Les âmes intermédiaires, même quand elles obéissent absolument aux âmes supérieures, conservent leur autonomie complète sur les âmes élémentaires, afin de conserver les formes et les fonctionnements organiques, sans efforts de la part des âmes supérieures.

Pour les hommes, l'évolution consiste à acquérir une maîtrise de plus en plus grande sur les âmes intermédiaires, de sorte que les conflits entre les âmes intermédiaires et l'âme humaine sont d'autant plus fréquents et d'autant plus graves que son évolution est moins avancée.

Ce sont les degrés de maîtrise qui déterminent les plans. Si l'âme évolue, la matière évolue aussi. Pour une âme supérieure complètement évoluée, il n'y a pas de résistance effective, mais il y a des difficultés plus ou moins grandes pour la vaincre.

Les différentes modalités de la matière proviennent uniquement de la manière dont elle obéit aux âmes supérieures. Voilà pourquoi nous appelons ces changements de plans des modalités, c'est-à-dire des manières différentes de se comporter.

Maintenant, il est temps d'introduire une nouvelle notion. Jusqu'à présent, j'ai considéré les âmes uniquement au point de vue de leurs hiérarchies et de leur évolution dans une seule direction : plus élevées ou moins élevées ; ce qu'on pourrait symboliser par une ligne verticale allant en s'embellissant de bas en haut.

Mais le Monde n'est pas aussi simple. Nous devons considérer parmi les âmes dirigeantes de nombreuses variétés, qui, toutes, exercent un magistère sur les âmes intermédiaires.

Sans nous préoccuper de la question de bon et de mauvais, nous devons dire que ces Esprits sont diversement puissants et diversement évolués. Quelques-uns exercent leur magistère sur les âmes intermédiaires, tyranniquement, et les entraînent dans diverses voies, les uns avec une puissance irrésistible, d'autres avec une puissance moindre. Comme ces Esprits agissent selon leurs passions, sans harmonie, leur maîtrise produit le désordre, le tumulte, la destruction.

Or, l'évolution de la matière consiste justement à produire l'ordre et l'harmonie. Cet ordre et cette harmonie ne peuvent être obtenus que dans la voie et par le magistère des esprits les plus élevés, ceux que nous allons appeler les Esprits célestes.

Description des Plans. — Les divers Plans vont donc être caractérisés par les divers magistères auxquels sont soumises les âmes intermédiaires.

Après le *Plan Divin*, qui ne contient rien de matériel et qui est hors cadre, je divise le Monde en cinq Plans, qui, rappelez-vous-le toujours bien, ne sont pas des lieux, des endroits déterminés, ce sont des modalités ; les divers Plans se pénètrent, occupent en même temps les mêmes lieux de l'espace. Nous vivons dans tous ces plans, en même temps et partout ; seulement, nous n'en avons pas toujours conscience.

Ainsi, qu'il soit bien entendu que l'expression se transporter dans tel ou tel Plan n'indique pas un transport réel, un changement de lieu, c'est une figure qui signifie seulement prendre conscience de tel ou tel Plan.

Les cinq Plans sont :

1° Le PLAN CÉLESTE, le plus élevé de tous, dans lequel ne pénètrent que les êtres complètement évolués. Non pas que dans ce plan il n'y ait plus qu'à se reposer : l'évolution primordiale est terminée, mais il reste à faire l'évolution supérieure, qui est infinie.

Dans le plan céleste, la maîtrise est complète sur les âmes intermédiaires.

2° Le PLAN MENTAL, dans lequel l'évolution est très avancée, provisoirement définitive, si l'on me permet d'accoler ces deux mots qui semblent s'exclure l'un l'autre. Je veux dire que certaines religions ne conduisent pas plus loin, mais diverses circonstances offrent l'occasion d'en sortir pour pousser plus loin.

A propos des corps correspondant aux plans, je donnerai les caractéristiques de chaque plan.

Dans le plan Mental, le magistère est encore immense, mais il n'est déjà plus complet. Le commandement supérieur prédomine, mais le commandement inférieur réagit ; de ce conflit naissent les idées.

3° Le PLAN KAMIQUE, dans lequel l'évolution se trouve à des degrés divers. Le commandement supérieur perd de plus en plus de son efficacité.

Dans les régions supérieures de ce plan, le magistère est encore considérable ; dans les régions inférieures, il existe encore, mais il est presque nul.

Les résultats de ces conflits sont les désirs et les passions, nobles et contenues en haut, basses et effrénées en bas.

4° Le PLAN ASTRAL, Plan d'élaboration des forces. Dans ce plan, tout magistère a disparu ; l'autonomie inférieure est complète ; tout commandement appartient à des êtres à part, connus sous le nom générique d'*Elémentals*. Ces Elémentals, farouches, insensibles à toutes les considérations qui peuvent toucher des êtres supérieurs, peuvent pourtant être *domptés* par eux, par nous aussi, en raison de nos principes supérieurs.

5° Enfin, le PLAN PHYSIQUE, Plan de Réalisation, celui dans lequel nous menons notre vie consciente.

Dans ce plan, la matière s'est individualisée et concrétée ; les esprits perturbateurs ont perdu là une grande partie de leur puissance, et le magistère supérieur reprend ses droits.

L'homme qui habite ce plan, domine sur une *matière apaisée* : il a pour tâche de reprendre complètement sa maîtrise sur les éléments.

Ce n'est que sur le plan physique que nous trouvons l'atome permanent. La matière apaisée peut seule comporter des parcelles fixes permettant la stabilité de l'Univers physique tel que nous le connaissons.

Le Plan physique, que beaucoup considèrent comme le Plan le plus inférieur, est, au contraire, un tremplin à l'aide duquel nous pouvons prendre notre élan pour reconquérir ce que nous avons perdu par le fait de ce qu'on a appelé le *Péché originel* ou la *Faute.*

Aussi, ce n'est que sur le Plan Physique que nous pouvons réellement faire des progrès et notre évolution.

Constitution de l'homme. — Ses corps. — Voyons maintenant comment l'homme est constitué.

Le catéchisme nous enseigne que l'homme est composé d'une âme unie à un corps. On pourrait, à la rigueur, accepter cette définition, à la condition d'ajouter que le corps est complexe et décomposable en une partie qui est visible et plusieurs parties invisibles.

Je le veux bien, mais je crois préférable d'être plus catégorique, et de dire que l'homme est composé d'une âme et de plusieurs corps, dont un seul est visible. Il n'y a aucune nécessité de compromettre la clarté de notre exposé pour respecter une manière de voir qui, en somme, n'est basée sur rien. Bien au contraire, saint Paul, une autorité pour les Théologiens, nomme au moins trois corps : le σῶμα, la ψυχὴ et le σῶμα ἐπουράνιον ou πνευματικόν.

Ce que nous voyons, c'est un corps, perceptible à nos sens, qui, après la mort, reste et se détruit par putréfaction, Celui-là disparaît, cesse d'exister ; il ne peut plus en être question.

Après cela, l'âme, qui est partie, entraîne avec elle les corps invisibles. Ces corps sont bien invisibles puisque, en dehors de quelques voyants, personne ne voit jamais rien. C'est même pour cela que les esprits exclusivement positifs, qui ne consentent à admettre que ce qui tombe sous les sens, nient qu'il y ait autre chose que le corps qu'ils voient, et disent que la mort n'est que la cessation des fonctions de ce corps, et qu'alors tout est fini, rien ne subsiste

Cependant, nous savons que quelque chose subsiste, que ce quelque chose est même la partie la plus importante de nous-mêmes. Mais on peut soutenir que ce quelque chose est notre âme, rien que notre âme, et que de corps invisibles, il n'y en a pas. Vous voyez que l'incrédulité a ses degrés.

Mais cette question des corps invisibles est une question purement scientifique; c'est de l'Histoire Naturelle; nous devons donc démontrer leur existence. Malheureusement, pour cela, nous ne pouvons pas employer les méthodes qu'on appelle *positives*, mais nous avons des moyens indirects : résultats des visions obtenues par les sensitifs, effets physiques, faciles à constater par tout le monde, mais pouvant être interprétés de diverses façons, reproductions par la photographie, avec ou sans chambre noire, etc., etc. Chacune de ces preuves, isolée, ne suffirait pas à déterminer une conviction, mais toutes, réunies, finissent par former un ensemble imposant, qui suffirait largement à convaincre un savant positiviste, s'il s'agissait d'autres genres de phénomènes.

Nous sommes donc obligés de reconnaître que l'âme entraîne bien avec elle de véritables corps, matériels, quoique invisibles, à l'aide desquels elle peut même quelquefois se montrer à nous, sous forme d'*apparition*.

Il y a donc bien une séparation entre le corps physique et les corps invisibles, et alors, il vaut mieux parler franchement et dire que nous avons plusieurs corps.

Nous avons donc à étudier d'abord une âme, la seule partie immatérielle de nous-mêmes]; puis, cinq corps correspondant aux cinq plans que je viens de vous décrire:

1° Le Corps céleste, qui correspond au plan céleste. Il est intimement uni à l'âme, qu'il ne quitte jamais.

Le Corps Céleste est notre corps essentiel ; c'est lui qui, avec notre âme, constitue notre *Higherself*, notre *Moi supérieur*, notre véritable *Individu*. Nous avons été créé avec lui, et nous le conserverons pendant toute l'éternité.

A propos du Corps Céleste, nous pouvons revenir à l'Ame. De même que, au-dessus de tous les plans, il y a le plan divin, appartenant à Dieu seul ; de même, au-dessus de tous les corps, il y a l'âme, qui seule est immatérielle et domine sur tous les corps. Mais, tandis que Dieu est *Pur Esprit*, c'est-à-dire existe par lui-même, sans adjonction nécessaire d'un corps quelconque, l'âme n'existe qu'unie au corps céleste. Elle n'est donc pas pur esprit.

Quoique nous possédions actuellement notre corps céleste, nous n'en faisons que très peu d'usage. Il nous met en rapport avec le plan céleste ; mais, pour le moment, nous n'en avons aucune conscience, sauf dans certains états mystiques.

Cependant, il exerce une grande influence sur nous, quoique d'une manière latente. C'est par son intermédiaire que bien des secours nous viennent. Quand notre évolution sera terminée, c'est avec lui que nous entrerons dans le Royaume.

Je l'ai déjà dit à propos du plan céleste : le corps céleste commande complètement aux Esprits intermédiaires, par conséquent à la matière.

2° Le Corps Mental, qui correspond au Plan Mental. C'est par lui que nous pensons ; les Théosophes l'appellent Manas, le Penseur. Il emmagasine toutes nos connaissances et tous nos souvenirs ; il reçoit les idées nouvelles et les fait passer dans notre conscience. Il conserve toutes nos expériences, non seulement celles qui concernent son propre plan, mais aussi celles des autres plans.

Le Corps Mental ne fait pas partie de notre Moi essentiel, mais il fait partie de notre Moi conscient. Nous l'avons reçu dès notre création, comme le corps céleste, et comme lui, nous le conserverons pendant toutes nos réincarnations. Le corps mental que nous avons actuellement est le même que nous avons eu dès le début. Nous ne pouvons pas pénétrer avec lui dans le plan céleste, mais nous l'abandonnons quand notre évolution est complète.

C'est lui qui nous attache complètement à la terre, et ce n'est qu'après l'avoir complètement évolué que nous l'abandonnons pour entrer dans la Vie éternelle, c'est-à-dire dans la vie que nous ne quittons plus pour aller dans d'autres plans.

3° Le Corps Kamique, qui correspond au Plan Kamique. Ce corps sent et éprouve ; il pense aussi, mais pas comme le précédent.

Le Corps Mental est un penseur universel, il raisonne sur tout ; il connaît et donne une tournure scientifique à toutes ses connaissances.

Le Corps Kamique pense sentimentalement ; il a des désirs, des aspirations, des passions. C'est à son propos qu'on peut dire que le cœur a des raisons que la raison ne comprend pas ; c'est, qu'en effet, il ne raisonne pas de la même façon que le Corps Mental ; il n'est pas convaincu par les mêmes arguments.

Le Corps Mental correspond à la tête ; le Corps Kamique correspond au cœur, ces deux mots étant pris bien entendu dans le sens figuré. Le Corps Mental est froid ; le Corps Kamique est chaud, toujours dans le sens figuré.

Quand le Corps Mental agit avec une certaine intensité, il produit des traits de génie, de grandes conceptions scientifiques; le Corps Kamique, dans la même occurrence, produit des emportements, des colères, des emballements, des passions violentes, etc.

Le Corps Kamique ne dure que pendant une incarnation; à chaque nouvelle incarnation, nous en prenons un nouveau.

4° Le Corps astral, qui correspond au plan Astral. C'est lui qui transforme en forces toutes les incitations des autres corps. Il est le corps des forces ; il transmet au corps physique la Vie qui provient de l'action de l'Ame sur les corps.

Le Corps Astral élabore les forces et les transmet au Corps physique ; son rôle principal est de coordonner les vies élémentaires des cellules et des amas de cellules ou organes qui composent le corps physique, de façon à en faire un ensemble harmonique et à faire concourir toutes les vies particulières au but général : vie de l'ensemble du corps physique.

C'est pour cela qu'on pourrait croire que c'est lui qui est la Vie ; il ne la donne même pas ; il ne fait que la transmettre. Mais ce rôle est d'une importance majeure, car, sans lui, le corps physique ne peut pas vivre. S'il était possible de faire sortir le corps astral du corps physique, autrement dit de réaliser ce qu'on appelle *sortie en astral*, le corps physique resterait à l'état de cadavre ; ce serait la mort irrémédiable.

Le Corps Astral, comme le Corps Kamique, ne dure que pendant une incarnation ; à chaque réincarnation, on en prend un nouveau.

5° Enfin, le Corps physique, qui correspond au plan

physique. C'est le seul qui soit visible pour la plupart d'entre nous ; c'est lui qui nous met en rapport avec ce que nous appelons le Monde extérieur, rapport établi par l'intermédiaire de nos cinq sens classiques et de quelques autres qu'on connaît moins bien, et en outre, par l'intermédiaire de nos organes de mouvement.

Ce que je vous ai dit du plan astral et du plan physique vous fait pressentir que le Corps physique joue un rôle très important dans notre évolution, et nous sert de rempart contre tous les dangers qui nous menacent dans l'invisible, rempart quelquefois insuffisant, mais souvent par notre faute.

A chacune de nos vies terrestres, nous avons un corps physique nouveau.

A première vue, on pourrait croire que le corps physique est parfaitement connu de tout le monde ; les physiologistes le décrivent minutieusement, et tout le monde est à même de l'étudier. Or c'est le contraire qui est vrai : le corps physique est le moins connu de tous les corps.

Rien n'est dangereux pour les études comme les choses qui sont trop à notre portée ; on en voit tellement les détails qu'on en arrive facilement à en croire l'étude très facile, et on ne pense même pas à faire sur ces choses les recherches minutieuses qu'on a faites sur celles qui sont cachées. Les Occultistes eux-mêmes n'ont jamais étudié le Corps Physique. Tout le monde le voit, cela n'en vaut pas la peine. Je vais vous montrer combien, au contraire, cela en vaut la peine.

Il y a une partie du corps physique qu'on ne connaît pas ou qu'on connaît très mal. Quelques-uns ne la connaissent pas du tout et la confondent avec le corps astral, et disons à ce propos que le Corps Astral lui-même est très peu connu, les Occultistes s'en font des idées contradictoires et lui attribuent beaucoup de propriétés qui appartiennent à d'autres corps ; ils lui donnent en outre une importance exagérée.

Quelques occultistes confondent la partie du corps physique, dont nous nous occupons, avec le corps astral ; d'autres, qui l'ont aperçu, en font un corps à part sous le nom de *Corps éthérique*, et lui donnent une place qui ne lui appartient pas.

Comme il est inutile d'encombrer la science d'une multitude de noms qui finissent par embrouiller la mémoire, je conserve cette dénomination, et j'appelle *Corps Ethérique* un corps fluidique, intermédiaire entre le corps astral et le corps physique proprement dit, mais appartenant à ce dernier.

Ainsi, qu'il soit bien entendu que le Corps Ethérique n'est pas un corps à part, quoique séparable du corps visible; il est une partie du corps physique, et il appartient au plan physique. C'est pour cela que nous ne pouvons pas en faire un corps à part, car chaque corps correspond à un plan. Or, comme je l'ai dit à propos du plan physique, l'éther est un des états de la matière physique.

Le mot *fluide*, en physique comme en Occultisme, exprime quelque chose de plus subtil que la partie gazeuse de la matière. Les physiciens supposent, pour l'explication des phénomènes, l'existence d'une substance parfaitement élastique et dénuée de pesanteur, dont on ne connaît que les effets, et qu'on appelle *Ether*, du grec αἰθήρ, empyrée, de αἴθω brûler, d'où αἶθος, feu. Toujours la vieille idée de feu synonyme de fluide.

C'est cet éther qui forme la substance du corps fluidique, que pour cela nous appelons Corps Ethérique ou corps de feu. Cette dernière appellation cadre bien avec le *Char de feu* qui a enlevé Elie au ciel.

Le corps éthérique n'est pas un corps fixe comme les autres ; il est très mobile et affecte très facilement toutes sortes de formes. Cependant, à son état d'équilibre, il affecte la forme humaine et reproduit exactement toute la contexture du corps auquel il appartient.

Il devient visible sous diverses influences, mais il reste généralement invisible.

C'est sur le corps éthérique qu'agit directement le corps astral ; c'est en lui que les forces élaborées dans l'astral, à l'état potentiel, deviennent effectives ou *actuelles.*

Mais prenez bien garde de faire une confusion. Le corps éthérique n'est pas l'influx nerveux ; il est en rapport avec lui, mais il n'est pas lui.

Le corps éthérique subsiste après la mort, plus ou moins longtemps, quelquefois très longtemps. Les apparitions soit de désincarnés, soit de personnes vivant encore sur la terre, sont produites par ce corps, qui devient visible sous l'influence de diverses causes dont je ne dirai rien aujourd'hui.

Dans les matérialisations spirites, c'est lui qui tourbillonne et forme ces masses phosphorescentes qui, peu à peu, pompent la matière physique du corps du médium, et même de quelques-uns des assistants, pour devenir une apparence de personne vivante.

Le corps éthérique enveloppe et pénètre le corps physique visible et lui constitue une véritable aura ; il est très mobile. Sous certaines influences, il se contracte et cesse d'envahir la surface du corps, ou bien il se dilate et forme une enveloppe autour du corps. Souvent aussi, il rayonne et donne au corps l'apparence d'un être lumineux, qui peut être vu de très loin. Ceux qui ne sont pas sensitifs ne voient pas tout cela ; mais quelquefois, le corps éthérique entre en vibration et émet ses rayons avec une telle intensité qu'il devient visible pour tout le monde. C'est ainsi que se produisent certaines apparences, telles que les cornes lumineuses de Moïse, les auréoles des saints. Ces auréoles sont causées par un afflux de substance éthérique autour de la tête, qui est un des points qui rayonne le plus.

A ce propos, il est bon de remarquer que ces apparences, qui sont passagères, étant fixées par les peintures et les images, laissent l'impression d'un état continu. On se figure volontiers que Moïse ne se séparait jamais de ses cornes, ni les saints de leurs auréoles. En réalité, la peinture a fixé de simples apparences accidentelles. Tous ces personnages étaient vus semblables à tous les autres ; ce n'est qu'à de certains moments, pendant l'extase, ou l'enthousiasme ou sous le coup d'une autre passion, qu'ils émettaient ces protubérances fluidiques.

J'ai dit que le corps éthérique constituait une véritable aura. Il faut prendre bien garde, à ce propos, de ne pas la confondre avec l'aura des Théosophes. Pour eux, l'aura est constituée par les parties des corps invisibles qui dépassent inégalement la surface du corps physique.

Groupements des cinq corps. — Nous devons maintenant diviser nos cinq corps en deux groupes : 1° le corps céleste et le corps mental, qui sont nos *corps essentiels* ; 2° le corps kamique, le corps astral et le corps physique, qui sont nos *corps adventices*.

En effet, comme je l'ai dit plus haut, le corps céleste nous accompagne constamment, depuis notre création ; il nous accompagnera pendant toute l'éternité ; l'âme lui est combinée, et leur union est indissoluble. Le corps mental nous accompagne dans toutes nos incarnations ; mais il nous quitte quand notre évolution est terminée. Ces deux corps sont donc ceux qui constituent notre personnalité irréductible, celle qui persiste pendant toute la durée de nos vies terrestres et de nos vies intercalaires dans l'invisible.

La combinaison de notre âme avec notre corps céleste forme notre personnalité persistante et immortelle, celle qui subsiste dans l'éternité et constitue notre individu, notre véritable Moi. L'adjonction du corps mental à ce premier groupe forme notre Moi secondaire, le Moi persistant de notre période évolutive.

Cette triade : âme, corps céleste, corps mental, est notre personnalité ultime, celle qui est consciente de toutes les étapes de notre évolution, qui ne change pas et ne peut pas être comparée à un masque de comédie, comme les personnalités du troisième ordre, dont nous allons bientôt parler.

En effet, elle représente si bien notre personnalité réelle, qu'elle joue le rôle de l'homme éveillé et pleinement conscient, tandis que notre vie terrestre nous met dans la situation de l'homme dont l'entendement est obnubilé par diverses causes extérieures : fatigue, somnolence, ivresse, soucis, etc. Pendant le sommeil profond, alors que tous nos corps inférieurs sont au repos et cessent d'étourdir le corps mental de toutes leurs communications, la triade juge avec pitié tous ces mille riens qui nous passionnent à l'état de veille. Généralement, nous ne conservons pas le souvenir de cet épisode ; mais il arrive quelquefois, pas très souvent, que nous nous en souvenons : nous ne voyons pas alors la vie sous son jour habituel ; nous ne pouvons pas éviter une certaine mélancolie et même du dégoût de la vie terrestre. Heureusement, cela dure peu ; nous sommes repris par les mille excitations extérieures, et nous recommençons à vivre de notre vie habituelle. Ce souvenir laisse pourtant une trace : il nous porte à considérer davantage les choses sous leur vrai jour, et à devenir plus sages.

Je ne peux pas, à ce propos, laisser échapper l'occasion de vous dire que, malgré toutes les mesquineries de l'existence sur la terre, la vie sur le plan physique doit être prise au sérieux ; nous ne devons pas l'aimer jusqu'au point de nous dégrader pour la conserver, mais nous devons y tenir et nous rappeler qu'elle est un don de Dieu, un bienfait, qui nous permet d'évoluer, et que, en somme, elle est le seul moyen que nous ayons de réparer l'erreur que nous avons commise aux époques lointaines dont parle la Genèse. Ce n'est que grâce à notre vie terrestre que nous pouvons reconquérir la matière et reprendre possession de nous-mêmes, de notre indépendance, et développer notre volonté.

Au-dessous de la triade que nous venons d'étudier, on peut établir une ligne fictive de séparation, au-dessous de laquelle se trouveraient les *corps adventices.*

Le corps kamique, le corps astral et le corps physique forment ce second groupe. Tous trois disparaissent à chaque incarnation, pour être remplacés par des corps nouveaux à l'incarnation suivante. Ce sont des corps adaptés pour une période seulement. Il en résulte que pour chacune de nos vies, toute tradition est rompue, de telle sorte que notre passé ne pèse pas sur nous et ne nous écrase pas. Nous n'avons de souvenirs que ce que le corps mental, qui conserve tout, laisse filtrer jusqu'à notre cerveau physique.

Ces corps adventices sont des instruments, des outils, dont notre triade supérieure doit se servir pour remplir la tâche qui lui incombe dans les plans inférieurs. Ces outils s'usent, comme s'usent tous les outils ; quand ils sont hors de service, soit parce qu'ils sont accidentellement brisés ou détériorés, soit parce qu'ils ont servi longtemps, ils sont rejetés et remplacés par d'autres.

Enfin, ces corps adventices doivent être considérés aussi comme des reflets, des reproductions de la triade supérieure.

Le corps kamique est la reproduction du corps céleste ; il est, pour ainsi dire, le corps céleste des plans inférieurs : le corps céleste comporte la plénitude de l'amour divin, le corps kamique comporte l'amour inférieur sous toutes ses formes, et même, comme nous allons le voir bientôt, l'amour idéal, l'amour céleste et des poussées vers l'amour divin.

Il y a aussi d'autres analogies, telles que la *connaissance*, qui est l'apanage du corps céleste, représentée par l'*Intuition*, qui est l'apanage du corps kamique. A ce sujet, je vous rappelle qu'il ne faut pas confondre la *connaissance* avec le *savoir*, la *science*, apanage du corps mental. J'ai eu l'occasion de vous dire, dans d'autres leçons, que si vous étudiez une partie quelconque de la science, vous arrivez à la *savoir*, mais vous ne pouvez pas dire encore que vous la *connaissez*. Vous pouvez très bien *savoir* un théorème de mathématique, par exemple, être capable de le démontrer, sans pour cela le vivre, pour ainsi dire, l'avoir compris dans toutes ses parties, vous l'être *assimilé*, en un mot le *connaître*, le trouver évident par-dessus sa démonstration elle-même, le voir comme s'il faisait partie de vous-même.

Le corps astral est la reproduction du corps mental : il est le corps mental des plans inférieurs. Le corps mental comporte la pensée, les idées, qui sont des forces supérieures : vous connaissez les *Idées-Forces*. Le corps astral comporte les forces de toutes sortes, la réalisation sur les plans inférieurs, astral et physique, des idées élaborées dans le plan mental ; il comporte aussi l'élaboration d'images fécondes en forces pouvant agir sur le plan physique, images qui sont des *Idées Astrales*.

Quant au corps physique, il n'est plus une reproduction, mais il est une contre-partie, celle de l'âme : c'est de l'âme que tout part, c'est au corps physique que tout aboutit.

Mais, dans un autre ordre d'idées, on peut dire que le corps physique est le représentant de l'âme sur le plan physique. En effet, c'est lui qui, mû par la pensée, façonne tout ; il est la *Forme* de l'œuvre humaine dans la nature, comme l'âme est la *Forme* du corps.

Subdivisions des plans et des corps. — Chacun des plans que je vous ai décrits, de même que chacun des corps qui leur correspondent, doit être considéré comme un groupe composé d'un grand nombre de plans et de corps secondaires, ayant entre eux des ressemblances et des analogies suffisantes pour les constituer en une famille. Le plan kamique, par exemple, doit être considéré, non comme un plan homogène, mais comme le groupe d'un grand nombre de plans qui possèdent tous ce que nous pouvons appeler les *propriétés kamiques*. De même, l'ensemble des corps possédant des propriétés kamiques, forme la famille corporelle kamique, que nous synthétisons sous le nom de corps kamique, sans épithète.

Il est bien évident que nous ne pouvons pas décrire tous ces plans et tous ces corps ; nous chargerions la mémoire au point de rendre leur étude impossible. Heureusement, nous pouvons nous contenter, sans inconvénient, de grouper ces multitudes en trois sous-familles , dont les membres ne diffèrent pas suffisamment pour qu'il soit nécessaire de les décrire à part.

Nous diviserons donc chaque plan et chaque corps en trois groupes : le supérieur, le moyen et l'inférieur. Cette division est justifiée par ce fait qu'il y a, en effet, une préexcellence des degrés ou étages supérieurs sur les étages inférieurs.

Quelquefois, nous serons obligés de spécifier davantage, de pousser plus loin les subdivisions, nous dirons alors : la partie supérieure, moyenne ou inférieure du plan kamique supérieur , moyen et inférieur. Nous n'aurons que très rarement besoin de pousser la subdivision plus loin. Du reste, les plans et les corps sont très nombreux, mais non pas en nombre infini.

J'ai pris le corps kamique comme type pour cet exposé, parce que c'est lui qui présente les subdivisions les plus nombreuses et les plus importantes.

D'une manière générale, les corps et les plans supérieurs représentent les propriétés les plus élevées du plan, les corps et les plans inférieurs représentent les propriétés les plus basses ; les corps et les plans moyens, qui sont très importants, représentent les luttes, les conflits entre les plans supérieurs et les plans inférieurs.

Du plan céleste, nous ne dirons rien : j'ai employé au moins quatre leçons à vous en décrire tous les étages ; je ne peux pas y revenir dans le présent travail. Je résume donc ce qui le concerne dans ces simples mots : Depuis les régions les plus inférieures jusqu'à presque l'infini qu'il comporte, tout y est bon, tout y est bonheur et perfection.

Le plan mental supérieur et le corps mental supérieur élaborent les idées élevées, géniales, la compréhension parfaite de tout. Ce n'est pas la *connaissance* telle que je vous l'ai décrite, mais c'est l'omniscience. C'est le séjour des Génies supérieurs et d'un grand nombre de dieux.

Le plan et le corps mental inférieurs élaborent les idées scientifiques et philosophiques, les sciences et les arts et en général tout ce qui concerne les applications des connaissances aux choses des plans inférieurs, surtout du plan physique.

On peut résumer ce qui concerne ces deux subdivisions en disant que le corps mental supérieur élabore les grandes spéculations, et le corps mental inférieur en élabore les applications, leur mise en pratique.

Le corps mental moyen est le théâtre des controverses, des doutes, du scepticisme, des emballements, dans un sens ou dans l'autre.

Le corps kamique supérieur élabore les passions nobles les désirs de nature élevée ; il nous met en rapport avec le plan kamique supérieur, qu'on pourrait appeler le plan de l'Idéal.

Le corps kamique inférieur est l'organe des désirs terrestres et des passions inférieures, la violence, la colère, la sensualité, etc.

C'est le corps kamique inférieur qui est le plus exercé et le plus développé chez les libertins, les débauchés, les dissipés, etc., et aussi chez les criminels.

Mais il serait dangereux de le laisser atrophier, même pour les hommes vertueux.

Dans le corps kamique comme dans les autres corps, l'équilibre est nécessaire, et le corps kamique supérieur fonctionnerait très mal, sans l'aide du corps kamique inférieur.

C'est, au contraire, le corps kamique supérieur qui est le plus exercé et le plus développé chez les mystiques, chez les gens vertueux, et aussi chez les utopistes.

Le corps kamique supérieur nous met en rapport avec des êtres bons, et quelquefois très élevés. Son fonctionnement, quand il prend un certain degré d'énergie, produit des extases, pendant lesquelles on croit être transporté au septième ciel. La plupart des récits des mystiques, saints ou autres, se rapportent au plan kamique supérieur, par l'intermédiaire du corps kamique supérieur.

Ce n'est pas que je nie la vision céleste : l'extase peut porter la conscience jusque dans ce plan ; mais cela est rare. Du reste, le plan kamique supérieur est assez beau, et beaucoup plus à notre portée, dans l'état actuel de notre évolution, que le plan céleste.

Le corps kamique moyen est celui qui supporte les luttes intérieures, les tentations ; il subit directement les assauts de l'adversaire.

Pour le corps astral, on retrouve les mêmes choses ; mais, de même que pour le corps physique, les différences entre les deux étages, différences très importantes, ne peuvent être décrites qu'en entrant dans des détails qui nécessiteraient une monographie complète. C'est ce que j'ai fait pour le corps physique, dans un article publié dans l'*Initiation* de mars 1903.

Dans le corps astral supérieur s'élaborent les forces de la vie de relation ; dans l'inférieur, les forces vitales, organiques.

Influence des corps moyens sur notre destinée. — Comme je l'ai dit plus haut, les corps moyens sont le théâtre de luttes entre les corps supérieurs et les corps inférieurs. La volonté intervient dans ces luttes pour donner la victoire à l'un ou à l'autre. Des puissances de l'invisible interviennent aussi, les unes pour faire pencher la balance dans un sens, les autres pour la faire pencher dans l'autre sens.

Je ne décrirai pas les conditions de ces luttes et de ces interventions ; je me contenterai d'en donner le résultat.

Si ma volonté est constante, le corps moyen auquel elle s'applique prendra un pli, une routine, une habitude d'agir, et il se mouvera de lui-même dans le sens que lui aura donné cette habitude.

La prédominance donnée à une direction, à l'exclusion de la direction contraire, sans intervention apparente de la volonté, est le passage du *voulu* au *machinal*, du *conscient* à *l'inconscient*, ce qui vous montre que *l'inconscient* n'est inconscient qu'en apparence.

Cette habitude, prise par un corps moyen d'agir de lui-même dans un sens déterminé, prend des noms différents suivant le corps auquel elle s'applique.

Vous avez entendu parler de la *mentalité* de telle ou telle personne, quelquefois de son *astralité*, mais d'une manière peu claire, mal définie. Ce sont des propriétés des corps mental moyen et astral moyen, qui ont une importance de premier ordre.

Nous appellerons donc *Mentalité* la direction prise par le corps mental moyen, direction qui lui a été donnée par notre volonté, ou qui s'est trouvée tout acquise dès la naissance, pour des causes connues sous le nom de *karma*.

De même, la *Kamaïté* sera la direction prise par le corps kamique moyen, sous les mêmes influences.

L'*Astralité* est la direction prise par le corps astral moyen.

Il est inutile de parler de la *Célestéité* ou de la *Mysticité :* il n'y a pas lieu d'en tenir compte. Le corps céleste ne suit pas la même marche que les autres corps ; on peut le considérer comme hiérarchisé d'une manière continue. Quant au corps physique, tout ce qui le concerne regarde la Médecine, la Physiologie et la Mystique : j'en ai parlé ailleurs ; je n'y reviens pas.

C'est de notre *Mentalité* que dépendent nos jugements et notre manière de comprendre. C'est elle qui fait que les arguments capables de nous convaincre ne sont pas les mêmes pour tous.

C'est de notre *Kamaïté* que dépend notre moralité, et l'on pourrait très bien se contenter de cette dénomination, qui est connue de tout le monde. Seulement, le mot moralité, comme la plupart des mots qui sont passés dans le langage courant, a été appliqué dans tant de sens différents qu'il a perdu de sa précision, et que le mot kamaïté, quelque barbare qu'il soit, lui est préférable. En outre, ce mot, homogène avec les mots mentalité, astralité, indique l'origine de la disposition qu'il caractérise. Comme après tout, le mot kama est simplement le mot sanscrit qui signifie désir, nous pourrions tout aussi bien prendre le mot grec, ἐπιθυμία ou le mot latin *cupido*, d'où nous tirerions les expressions : corps épithymique ou epithumique et l'épithumité, ou bien corps cupidique et cupidité. Ces mots sont tout aussi barbares et nous n'y gagnerions rien.

C'est de notre *Astralité* que dépendent notre conduite, notre force, notre caractère, notre puissance sur nous-même, etc.

C'est de notre mentalité, de notre kamaïté et de notre astralité, emmagasinées dans notre corps mental, que dépend notre KARMA, c'est-à-dire l'ensemble des dispositions que nous apportons en naissant, dans l'existence suivante, ce qu'on appelle dans le langage ordinaire les *dispositions innées.*

Je ne veux pas laisser échapper l'occasion, à propos du Karma, de vous prémunir contre une fausse conception, qui est assez répandue, et que je considère comme dangereuse et capable de faire bien du mal. Le Karma est certainement un poids que nous accumulons sur notre destinée, du moins le Karma pris dans son mauvais sens, et qui entrave notre évolution. Nous pouvons dire, comme les Théosophes et quelques Occultistes, que telle personne a un karma plus ou moins chargé, et qu'il lui faudra le purger.

Mais il est abominable de confondre le Karma avec la peine du Talion. Vous entendrez dire que telle personne est boiteuse parce que, dans une existence antérieure, elle avait voulu se suicider et qu'elle n'avait réussi qu'à se casser une jambe. Un homme meurt d'un cancer de l'estomac après de longues souffrances, parce que, dans une autre existence, il avait été inquisiteur. Il y a bien plus fort : un pauvre diable, dans une existence antérieure est parvenu à s'échapper des cachots de l'Inquisition et à éviter ainsi les tortures que vous connaissez. Il paraît que c'est un crime ; pour le punir et le mettre à même de purger son karma, on en a fait, dans la présente existence, un missionnaire qu'on a envoyé en Chine, où il a été martyrisé. Ainsi, je n'ai même pas le droit d'éviter les tortures, quand même je serais accusé injustement. Je n'aurais jamais cru Dieu si méchant, si féroce. Une pauvre femme ne peut pas arriver à trouver du travail pour gagner sa vie ; elle souffre de la misère et de la faim. Vous croiriez peut-être qu'elle est digne de pitié et qu'il vous faut l'aider, lui trouver de l'ouvrage, la réconforter : gardez-vous-en bien, vous troubleriez son karma. C'est une femme qui, dans une autre existence, était énormément riche ; elle avait une cousine pauvre, et, au lieu de l'aider, elle l'a séquestrée et l'a laissée mourir de faim.

Des théories si atroces ne peuvent être soutenues que par des gens méchants ? Non, ce sont de très braves gens, très doux, très serviables, qui se priveront quelquefois pour aider leurs amis. Seulement, ils aiment trop l'extraordinaire, le paradoxe. Ils sont aussi un peu trop esclaves de la *Tradition*. S'ils voulaient réfléchir et convenir qu'aucune tradition n'est sacro-sainte, intangible, ils soumettraient à leur raison les théories qui leur viennent toutes faites, sans se laisser intimider par la valeur, quelquefois très grande, de leurs auteurs, et ils cesseraient de soutenir des théories absurdes et contraires à tout ce que nous savons de Dieu et de la Rédemption.

La loi de Karma ou de causalité n'entraîne pas l'accomplissement d'événements déterminés, dans une existence suivante ; elle n'entraîne non plus aucune peine ni aucune récompense. Le karma n'est pas autre chose que le pli, les prédispositions acquises par nos actes répétés, et accumulées dans le corps mental pour se développer dans les existences suivantes. Si je cède toujours à mes passions, si je ne lutte jamais pour les contenir, je charge mon karma d'une disposition à la paresse, à la lâcheté, à la faiblesse contre mes entraînements, disposition que j'apporterai avec moi en naissant, dans une vie suivante, et qui me donnera bien du fil à retordre, qui pourra certainement me rendre malheureux. Il me faudra alors purger mon karma, c'est-à-dire lutter contre ces entraînements, ce qui est toujours pénible, et d'autant plus difficile que j'y suis moins préparé. Si, au contraire, je fais des efforts, si je lutte contre mes entraînements, surtout si j'arrive à les refréner, je me crée de très bonnes dispositions, je me fais un excellent karma, qui me sera très utile dans les existences suivantes. Le Karma n'est pas autre chose et ne peut pas être autre chose. Il y a un bon et un mauvais karma, mais il n'y a pas d'autres peines et d'autres récompenses que les conséquences de nos actes Et encore, ces récompenses sont toujours très atténuées par la Providence divine, qui s'exerce sur chacun de nous comme sur le monde lui-même.

Je devrais maintenant vous parler de la nourriture de chacun des corps que je viens de vous décrire ; je ne vous en dirai que quelques mots pour ne pas prolonger outre mesure cette introduction.

L'âme vit tout simplement parce qu'elle continue à être elle-même indéfiniment. Elle est le centre animateur et conscient ; elle est immuable et ne connaît de changements que dans ses corps.

Mais les corps qui, eux, ne sont que de la matière, sont en état de perpétuel changement. La vie, dans la matière, c'est le mouvement, potentiel ou actuel, mouvement poussé jusque dans son intimité, où il se traduit par des changements, des échanges de substances, des entrées et des sorties, s'équilibrant plus ou moins parfaitement.

Pour le corps physique, la chose est évidente ; il prend et abandonne sans cesse ; chacun de ses mouvements détermine une perte, et cette perte doit être compensée par un gain. Pour ce faire, il prend de la matière physique non organisée, en petite quantité, et de la matière organisée, en grande quantité : végétaux et animaux ; il s'approprie, s'assimile la partie utilisable et rejette le reste sous forme de déchets.

Il en résulte qu'il se renouvelle perpétuellement, dans toutes ses parties, de telle sorte qu'à un moment donné, il ne contient pas une parcelle de la matière dont il était formé quelques mois ou quelques années auparavant, suivant les tissus.

La nature des aliments qui servent à cette opération n'est pas indifférente. Au point de vue physique, tout le monde le sait, la santé a des exigences que le médecin n'est pas seul à connaître. Mais, au point de vue invisible, l'importance n'est pas moins grande, et vous le comprendrez facilement en vous rappelant ce que je vous ai dit touchant les âmes élémentaires et autres.

Vous avez entendu dire, et vous entendrez dire encore que le corps physique doit être évolué aussi bien que les autres corps, et qu'il est très important pour cela de choisir ses aliments en conséquence. Cela est vrai, absolument vrai, mais un peu naïf. En effet, notre régime alimentaire n'est pas quelconque ; il est le fruit de l'expérience des siècles, qui a éliminé ce qui pouvait produire de mauvais résultats, et accumulé tout ce qui pouvait être avantageux, qui a même tenu compte des convenances individuelles, des convenances de races, de climats, etc. Si vous voulez suivre un régime qui vous convienne, consultez beaucoup votre cuisinière et un peu les hygiénistes, très peu : ils en savent moins que votre cuisinière. Mais ne demandez jamais conseil aux Occultistes, en dehors de certains cas de Magie opératoire. Les Occultistes se figurent trop volontiers qu'en vous soumettant au régime végétarien, ils vous procurent une supériorité impossible à atteindre par n'importe quel autre régime. En réalité, ce régime, qui réussit à certains, détraque l'estomac du plus grand nombre ; tandis que ceux qui se nourrissent comme tout le monde se portent bien et sont tout aussi évolués que les autres.

Les corps invisibles aussi se nourrissent, chacun dans son plan, comme le corps physique ; ils prennent des aliments organisées et non organisés.

Le corps céleste se nourrit de contemplation divine, de mysticisme. Jésus a dit : L'homme ne se nourrit pas que de pain, il se nourrit aussi de la parole de Dieu. C'est à cela qu'il faisait allusion.

La faim est un sentiment qui indique le besoin de nourriture. Notre aspiration aux choses de Dieu, nos besoins religieux, sont le résultat de la faim du corps céleste.

Le corps mental se nourrit d'idées, de pensées, de spéculations philosophiques, scientifiques et autres. Quand notre esprit n'est pas occupé, nous souffrons d'ennui, sentiment de faim du corps mental.

Le corps kamique se nourrit de désirs, de sentiments, d'amour. Quand notre corps kamique a faim, nous souffrons d'isolement, de sécheresse. Nous avons besoin d'aimer et d'être aimé, de nous attacher.

Le corps astral se nourrit de forces, d'activité : vous savez combien l'inaction, le rien faire est pénible pour chacun d'entre nous. Les occupations, les affaires, le mouvement, les entreprises, sont une série d'aliments nécessaires au corps astral, et la privation de ces aliments nous procure une souffrance que nous connaissons tous et qui est la faim du corps astral.

Quant au corps éthérique, il fait partie du corps physique il se nourrit de la partie fluidique des aliments que prend le corps physique. Cette dernière notion est très importante et féconde en applications et en résultats. Elle explique bien des coutumes concernant les funérailles, les sacrifices les évocations, etc.

Pour les corps invisibles comme pour le corps physique, les besoins varient avec les races et les individus, et aussi avec les périodes, les époques et diverses circonstances.

Je ne prolongerai pas davantage cette introduction, mais il était nécessaire de vous donner toutes ces notions sur les plans et les corps de l'homme, car vous ne les trouverez nulle part ; elles sont très mal connues, et il vous serait impossible de comprendre ce qu'il me reste à vous dire, ce qui fait le sujet principal de cette brochure, sans avoir toutes ces théories et tous cés faits présents à la mémoire.

Il y aurait beaucoup d'autres choses à dire sur ce sujet, mais j'espère que ce petit résumé suffira.

DIEU, LES DIEUX, LES ANGES, LES SAINTS.

Sous le nom d'Anges, les Chrétiens des premiers siècles avaient rangé des puissances de plusieurs ordres, parmi lesquelles les dieux. Je vous ai donné, dans l'introduction, le classification des Anges, telle qu'elle a été fixée assez de bonne heure ; il est facile d'y voir un grand nombre de puissances qui sont loin de répondre à la définition des Anges proprement dits.

L'Ancien Testament ne connaît pas les restrictions que ceux qui se recommandaient du Christ se sont crus obligés de faire. Il parle nettement des dieux, tantôt sous le nom d'Elohim, sans réprobation, et souvent avec vénération, tantôt sous les noms de Thamouz, Baal, Moloch, Astaroth, Aschéra, Malchum, etc., avec réprobation.

Le Nouveau Testament lui-même nous enseigne l'existence des dieux. Dans le 4e évangile (Jean, X, 30-37), Jésus dit :

« Mon Père et moi nous ne sommes qu'un. Alors les « Juifs prirent des pierres pour le lapider. Et Jésus leur « dit : J'ai fait devant vous plusieurs bonnes œuvres par « la puissance de mon Père : pour laquelle est-ce que vous « me lapidez ? Les Juifs lui répondirent : Ce n'est pour « aucune bonne œuvre que nous te lapidons, mais à cause « de ton blasphème, et parce qu'étant homme, tu te fais

« Dieu. Jésus leur répondit : N'est-il pas écrit dans votre « loi : J'ai dit que vous êtes des dieux ? Si donc elle appelle « dieux ceux à qui la parole de Dieu est adressée, et que « l'Ecriture ne puisse être détruite, pourquoi dites-vous « que je blasphème, moi, que mon Père a sanctifié et « envoyé dans le monde, parce que j'ai dit que je suis fils « de Dieu ? »

Jésus fait ici allusion au Ps. LXXXI, v. 6, qui est très suggestif à cet égard. Voici le texte de ce psaume, qui est très court :

1. Dieu a assisté à l'assemblée des dieux ; mais au milieu d'eux, il juge les dieux.

2. Jusques à quand jugerez-vous l'iniquité, et tiendrez-vous compte de la figure des pécheurs ?

3. Jugez l'orphelin et l'indigent ; rendez justice à l'humble et au pauvre.

4. Délivrez le pauvre et arrachez l'indigent de la main du pécheur.

5. Ils ne savent ni ne comprennent ; ils marchent dans les ténèbres ; tous les fondements de la terre seront ébranlés.

6. Moi j'ai dit : Vous êtes des dieux, et tous fils du Très-Haut.

7. Mais vous, vous mourrez comme des hommes, et vous tomberez comme l'un des princes.

8. Dieu, lève-toi, juge la terre, parce que toutes les nations sont ton héritage.

Ce psaume est assez obscur, mais la citation que Jésus en fait l'explique suffisamment.

Après la mort de Jésus, il y a eu un mouvement de réaction monothéiste qui a fait exclure de l'Empyrée tout ce qui n'était pas Dieu, le seul et unique Dieu. Cette réaction a dépassé le but et a fait commettre une erreur formidable et très préjudiciable ; on ne pouvait pas nier l'existence de puissances, moindres que la puissance divine, mais avec lesquelles pourtant il fallait compter. Les unes étaient favorables, on les a appelées des Anges, nom qui était déjà connu depuis longtemps ; les Hébreux les appelaient Malachim, qui est le même nom. Malachim signifie les messagers, comme ἄγγελοι ; les autres, qui étaient adverses, et qu'on a appelées les diables, les demons.

Comme les dieux étaient considérés par les Gentils comme des puissances suprêmes, les Chrétiens ne pouvaient qu'être outrés d'une pareille prétention, et ils les ont rangés parmi les démons.

Nous avons vécu sur cette erreur jusqu'à présent, et nous appelons encore les anciens dieux des faux dieux, Comme il est bien entendu que le diable est le singe de Dieu, c'est lui qui se faisait adorer sous les noms de Jupiter, Apollon, Diane, Vénus, etc.

Il faut en finir avec ces conceptions ridicules, et reconnaître que, au-dessous de Dieu, il y a une multitude de dieux qui ne sont pas les égaux de Dieu, tant s'en faut, mais qui sont des puissances supérieures, qu'on a grand tort de méconnaître. Nous ne devons pas les adorer, nous ne devons adorer que Dieu, mais nous ne devons pas les mépriser non plus.

Les dieux sont des puissances supérieures, mais créées et très inférieures à Dieu ; ils sont très nombreux parmi les puissances qu'on appelle les Anges.

Nous devons les diviser en deux grandes classes, et chacune de ces classes devra être subdivisée elle-même en deux familles. Il y a les dieux indépendants et les dieux serviteurs de Dieu ; les uns et les autres doivent être distingués en dieux essentiels ou primordiaux, et dieux secondaires, résultant d'une apothéose. Les dieux primordiaux ont été créés tels, les autres sont des hommes ou des génies qui ont évolué dans les degrés supérieurs, et que Dieu a placés au rang des premiers.

Tous les dieux primordiaux sont d'origine céleste, mais tous ne sont pas restés dans le plan céleste. Il y en a qui sont descendus dans tous les étages du plan mental, du plan kamique, et même dans l'astro-kamique, en se revêtant, bien entendu, d'un corps approprié. Ces changements d'habitat se sont opérés pour diverses raisons dont je vous dirai quelques mots dans un instant.

Ceux qui sont restés dans le plan céleste sont ceux que j'ai appelés les dieux serviteurs de Dieu ; ceux qui sont descendus dans les autres plans, sont ceux que j'ai appelés les dieux indépendants.

Comme je trouve avantageux, pour la clarté des explications, de donner aux habitants d'un plan le nom de ce plan, je diviserai les dieux en dieux célestes, dieux manasiques, dieux kamiques et dieux astro-kamiques.

Les dieux célestes sont ceux qui sont toujours restés au service immédiat de Dieu, dans le plan céleste, ou qui y sont revenus. Ils ne peuvent jamais pénétrer dans le plan divin, réservé à Dieu seul, mais ils habitent toutes les régions du plan céleste, même les plus élevées. Ils sont les principaux agents de Dieu dans le gouvernement des Mondes. Même ces dieux-là, nous ne devons pas les adorer, mais nous devons les respecter, les aimer ; nous pouvons même leur demander des services, comme à de fidèles serviteurs de Dieu.

Les dieux manasiques, kamiques et astro-kamiques, qui forment la classe des dieux indépendants, représentent la presque totalité des dieux de l'antiquité, ceux qu'on appelait les dieux des Nations ou des Gentils.

C'est le plan kamique qui contient le plus grand nombre des dieux de l'Olympe. Mais ce mot Olympe n'est qu'une survivance de l'antique conception du séjour des dieux. C'est, en somme, le nom d'une montagne, et les Gréco-Romains ne croyaient pas plus que les dieux aient cette montagne pour habitat que les Chrétiens ne croient qu'ils iront dans un jardin, παράδεισος, après leur mort.

Malgré tout, l'Olympe, pendant la belle époque gréco-romaine, était quelque chose qui rappelle de loin notre plan divin. Tout en étant le séjour des dieux, il était pratiquement le séjour du seul Jupiter. Remarquez que, même dans Homère, Jupiter convoque les dieux dans l'Olympe ; ils paraissent y avoir accès, mais ne point y séjourner.

En réalité, leur séjour ordinaire se trouve à tous les étages du plan kamique, et c'est ce qui explique ces contradictions apparentes : les mêmes dieux présentés comme majestueux, bons, secourables, et en même temps se livrant à toutes sortes de débordements. Cela dépend de l'étage du plan kamique dans lequel on les considère. C'est ainsi que la Vénus pudique, la Vénus quasi céleste, contraste avec la Vénus impudique. La première préside à la maternité, à la génération universelle, cause de tout ce qui existe ; elle protège les chastes amours et est pitoyable aux humains. La seconde court les aventures se livre à toutes sortes de débauches et se fait rendre un culte d'une obscénité révoltante. La première appartient au kamique supérieur, la seconde au kamique inférieur.

Diane représente aussi une des belles figures du Panthéon gréco-romain ; elle est d'une chasteté farouche ;

elle symbolise la virginité et présente un des beaux aspects de la Vierge céleste. La contre-partie, la Diane des plans inférieurs, a bien quelques aventures, mais ne tombe jamais dans la débauche. L'une se tient dans les hauteurs du plan kamique supérieur ; l'autre ne descend que jusqu'aux étages supérieurs du plan kamique inférieur.

Jupiter lui-même a son représentant dans le kamique inférieur : vous connaissez toutes ses escapades, et le véritable abus qu'il fait de son pouvoir pour satisfaire ses passions, qui sont quelquefois d'une dépravation ignoble.

Tous ces contrastes proviennent des plans dans lesquels on les rencontre, mais répondent à des nécessités dont je vais bientôt vous entretenir.

Tous les dieux ne se trouvent pourtant pas dans le plan kamique. Apollon, surtout sous sa personnification, Esculape, Minerve, Uranie, appartiennent au plan mental.

Ephaistos appartient au plan astro-kamique. Les Kabyres, les Cyclopes et bien d'autres se trouvent aussi dans ce plan.

Quant à la Vierge céleste elle-même, comme Jésus, elle fait son séjour habituel dans les régions supérieures du plan céleste. Elle se manifeste dans tous les plans, mais en conservant toujours sa sublimité. Elle n'apparaît au milieu de nous que comme une Providence, comme ministre des œuvres de la Miséricorde divine.

Dans les temps qui ont précédé la venue du Christ, depuis même longtemps avant ce grand événement, le Panthéon était peuplé de dieux supérieurs ; les dieux célestes eux-mêmes se manifestaient à quelques hommes d'élite comme Pythagore, Socrate, Platon ; la plupart des dieux ne demandaient qu'à faire retour dans le plan céleste, et préparaient les hommes à les suivre dans cette voie.

Enfin, le monde entier était dans l'attente d'un ordre nouveau, et cette attente a été admirablement exprimée par le poète initié et inspiré, par Virgile, dans sa quatrième églogue :

Ultima Cumæi venit jam carminis ætas ;
Magnus ab integro sæclorum nascitur ordo.
Jam redit et Virgo, redeunt Saturnia regna ;
Jam nova progenies cælo demittitur alto.

« Déjà vient le dernier âge prédit par la sibylle de Cumes:
« le grand ordre des siècles naît de nouveau. Déjà la Vierge
« aussi revient, les royaumes de Saturne vont recommencer :
« déjà un nouveau rejeton est envoyé du haut des cieux. »

Le moment venu, le Verbe s'est incarné pour nous porter les dernières lumières et attirer tout à lui, comme il l'a dit lui-même. Les Mages sont venus l'adorer ; c'était le premier hommage qui lui était rendu par les dieux ; l'Olympe aspirait à revenir dans le plan céleste. Si les hommes avaient compris, c'était bien, en effet, l'âge d'or qui revenait.

Mais les hommes sont bien toujours les hommes : faites-leur du bien, ils s'enorgueillissent ; donnez-leur de la puissance, ils s'en serviront pour opprimer. Au lieu de faire bon accueil aux dieux, ils les ont méprisés, injuriés, et finalement chassés et traités de démons. Les hommes les plus sages, les plus vertueux, qui avaient vécu dans la seule connaissance de leurs dieux et les avaient aimés, ces hommes, qui ne pouvaient pas connaître le Christ, puisqu'il n'était pas encore venu, tous ces hommes de bien étaient rejetés avec leurs dieux, dans les supplices de l'enfer, à la grande joie de Tertullien et de ses pareils, qui ricanaient et se pourléchaient en escomptant la joie qu'ils se proposaient de goûter au spectacle de leur supplice.

Dieu était-il donc si méchant, si injuste, d'avoir ainsi privé les hommes de ses lumières, pour les perdre à jamais, à cause de l'ignorance forcée dans laquelle il les avait laissés !

La vérité, c'est que Dieu s'est manifesté progressivement aux hommes, et que la venue du Christ n'avait pas pour objet de détruire le passé, mais de le compléter et de l'aiguiller définitivement vers la grande voie : Je suis la voie, la vie et la vérité.

Il est très vrai que le Christ est la seule porte par laquelle on entre dans le plan céleste ; avant lui, personne ne pouvait donc y entrer. Mais cela veut-il dire que les anciens sages en soient exclus ? Cela veut-il dire surtout qu'ils sont condamnés aux supplices éternels, pour la grande joie des Tertulliens de tous les temps?

Il faut vraiment se faire une singulière idée de Dieu pour penser ainsi. Combien le vrai Dieu serait inférieur aux faux dieux, qui, eux au moins, pouvaient se laisser fléchir !

Les anciens allaient aux champs Elysées, où ils étaient très heureux, et quand, plus tard, Jésus a eu ouvert les portes du plan céleste, beaucoup y sont entrés. Bien mieux, malgré le fanatisme des Chrétiens, un grand nombre de dieux, surtout parmi les dii minores, y sont retournés et son devenus les auxiliaires de ces mêmes chrétiens, qui du reste ne leur en ont jamais su gré.

La conclusion de tout ceci est que nous devons aimer Dieu et les dieux du plan céleste ; nous devons conserver de la sympathie et de la reconnaissance aux autres dieux, pour tous les services qu'ils nous ont rendus aux époques où nous ne pouvions compter que sur eux. Mais nous ne devons adorer que Dieu, le vrai et seul Dieu, créateur de tout ce qui existe, créateur même des dieux les plus puissants.

Mais encore, faut-il savoir ce que c'est qu'adorer. Car enfin, l'adoration ne consiste ni à s'aplatir, ni à se mettre à quatre pattes, ni à brûler de l'encens, ni à faire les mille simagrées qu'on nous a enseignées dès notre enfance, simagrées qui ont été instituées pour les cérémonies des divers cultes, et qui ont leur signification dans l'antiquité, mais dont on a perdu le sens depuis longtemps.

Adoration, *ad orare*, de *os*, *oris*, la bouche, a eu autrefois une signification précise : *Osculare ad*, envoyer un baiser à. *Os*, bouche, *osculari*, baiser (les deux se disent : *osculare* et *osculari*, l'actif et le déponent) ; *oris*, de la bouche, *orare*, parler, discourir, et aussi prier. *Osculum*, diminutif de *os*, petite bouche, et aussi un baiser.

On envoyait un baiser à la divinité, en appliquant sur la bouche le bout des doigts rejoints, et écartant le bras dans un geste d'envoi. Plus tard, on y a joint une grande quantité de cérémonies, et le geste du baiser est devenu accessoire. Aujourd'hui, l'envoi d'un baiser n'est plus qu'un geste amical, qui ne tire pas à conséquence.

Il n'y a plus rien de bien précis dans l'acte d'adoration ; la différence entre le culte de *Latrie* et le culte de *Dulie* n'existe guère que dans l'intention et les paroles.

Du reste, ces mots eux-mêmes sont techniques et conventionnels, car λατρεύειν veut dire être esclave, et δουλεύειν veut dire aussi être esclave.

Nous adorons Dieu parce que nous lui rendons hommage en le considérant comme la puissance suprême ; nous honorons et prions les puissances célestes en les considérant comme étant elles-mêmes serviteurs de Dieu dont elles tiennent toute leur puissance. La différence est donc tout entière dans la conscience, dans les intentions.

Le baiser. — Mais, avant d'aller plus loin, il faut que je vous dise ce que c'est que le baiser.

Le baiser consiste en l'application de la bouche sur une partie du corps de la personne qu'on aime, généralement la joue ou la main, et à exercer une aspiration, comme si, non pas dans ce geste, mais dans cet acte, car c'est bien un acte, on absorbait une partie du corps, disons une effluve.

En réalité, il n'y a pas là qu'une simple apparence : il est impossible de baiser, ne serait-ce que le bout des doigts d'une personne, sans qu'une partie d'elle-même ne soit attirée, absorbée et assimilée. Il existe beaucoup d'expressions du langage courant qui sont des survivances des coutumes des temps primitifs, dont on a perdu depuis longtemps la signification et même le souvenir : dévorer quelqu'un des yeux, le manger de baisers, de caresses, etc.

Regarder avidement quelqu'un, c'est aussi lui prendre de sa substance.

Je ne m'explique pas davantage sur cette question, cela pourrait devenir devenir scabreux ; je me contenterai de faire cette remarque que le baiser est devenu aujourd'hui une chose banale, qui n'est cependant pas innocente, et que les usages de la vie sociale forcent quelquefois à distribuer des baisers à tort et à travers, même à des personnes qu'on n'aime pas, quelquefois aussi à des personnes dont on ne peut pas dire qu'on ne les aime pas, mais pour lesquelles on éprouve une sorte de répulsion, qu'on appelle répulsion physique, bien que, quelquefois, le corps physique n'y soit pour rien. Ces sortes de baisers produisent une impression désagréable, pouvant aller jusqu'à la nausée. Ce malaise, car c'est un véritable malaise, dure un temps variable, quelquefois longtemps, puis finit par se dissiper.

Recevoir un baiser est beaucoup moins dangereux que de le donner. Il est toujours préférable de perdre une partie de sa propre substance que de la souiller par un mélange, quelque faible qu'il soit, de substance étrangère, antipathique ou viciée.

Vous comprenez maintenant la signification du baiser d'adoration : c'est l'absorption d'une parcelle du corps de communication (1) de la divinité. Cette absorption établit une fusion entre les deux corps, celui de la divinité, qui se donne, et celui de l'*Orant*, qui le reçoit.

Mais vous connaissez cela. Je viens de vous donner un premier aperçu de la Communion eucharistique.

Jésus ayant institué le pain comme étant son propre corps physique, au lieu de me contenter d'en aspirer une effluve, je le mange en entier. J'ai ainsi dépassé le baiser, qui n'est qu'un diminutif de la communion, ou mise en commun de deux corps. De ce fait, l'adoration est plus complète qu'elle n'était autrefois.

Cependant, il y a eu dans divers pays, notamment au Mexique, des rites sanglants, auxquels on a donné le nom d'*Anthropophagie sacrée*, qui n'était autre chose qu'une forme de communion.

Il ne faut pas confondre cette anthropophagie avec l'anthropophagie proprement dite, ni avec les sacrifices humains. Dans l'anthropophagie proprement dite, on mange les hommes pour se nourrir, sans arrière-pensée rituelle. Tandis que, dans l'anthropophagie sacrée, on entoure

1. Corps d'emprunt, par lequel elle se communique.

la victime humaine de soins et de cérémonies qui ont pour but de l'assimiler à la divinité, puis on l'égorge suivant un rituel déterminé. Après cela, on en distribue les morceaux aux assistants, qui les mangent comme étant la représentation de la divinité et même la divinité elle-même.

Entre l'anthropophagie simple et l'anthropophagie sacrée, il y a des graduations : on mange l'ennemi tué à la guerre pour se glorifier c'est une sorte de triomphe ; on le mange pour s'assimiler sa force, sa bravoure, etc.

Quant aux sacrifices humains, ils sont une simple oblation, ne renfermant aucune arrière-pensée de communion. On croit être plus agréable à la divinité en lui immolant des êtres humains qu'en lui offrant de simples animaux.

Cependant, chez les Gréco-Romains, par exemple, on mangeait une partie de la chair des animaux sacrifiés pour en recevoir un influx de la divinité à laquelle le sacrifice était offert ; mais la plus grande partie des chairs provenant des sacrifices était vendue au marché comme viande, pour la nourriture.

Dans beaucoup de religions, les offrandes aux dieux étaient végétales : pains, gâteaux, fruits, fleurs, etc. Souvent, le pain consacré ne pouvait être mangé que par les prêtres et les sacrificateurs, et comportait une vague idée de communion.

Jésus a fait revivre cet acte d'adoration suprême sous sa forme définitive, adoration ne s'adressant qu'à Dieu seul, au lieu de s'éparpiller sur les dieux.

Seulement, on a perdu depuis longtemps le sens de toutes ces pratiques, et aujourd'hui, peut-on dire que la multitude des chrétiens qui reçoivent le pain consacré sachent bien ce qu'ils font ? Si on les interroge, ils réciteront la phrase du catéchisme qu'ils connaissent par cœur, mais se rendent-ils bien compte de ce que cela signifie ?

Le baiser, forme atténuée de l'adoration, s'est perpétué à travers les âges, et se retrouve encore aujourd'hui en plein culte catholique : on baise le Crucifix, les statues les médailles, la patène, etc. C'est une dévotion accessoire, mais très répandue.

Cette dévotion, je suis loin de la critiquer ; je la trouve, au contraire, toute naturelle, instinctive, pour ainsi dire : on est toujours porté à baiser ce qu'on aime.

Dieux secondaires. Apothéose. — Les dieux secondaires sont d'origine humaine, le plus souvent, à notre connaissance du moins, mais les Génies supérieurs en fournissent aussi quelquefois.

Pour aujourd'hui, nous ne nous occuperons que de ceux qui sont d'origine humaine.

Il a été connu de tout temps que certains hommes ont été aimés des dieux, qui les ont reçus parmi eux et leur ont conféré l'immortalité.

Ici, un mot d'explication est nécessaire. Les anciens ne croyaient pas que seuls les hommes ayant reçu l'apothéose étaient immortels. Après la mort, si l'on échappait au noir Achéron, on allait dans les Champs Elysées. Les criminels, les gens qui avaient mérité le courroux des dieux, continuaient à vivre, mais dans les supplices. Les hommes justes, craignant les dieux, continuaient à vivre aussi, mais d'une vie heureuse, jusqu'à ce qu'ils reviennent sur la terre, recommencer une nouvelle existence. Boire l'ambroisie et acquérir ainsi l'immortalité ne voulait donc pas dire échapper à l'anéantissement, mais cesser d'être sujet à la mort dans une suite d'existence terrestre. Cela correspond exactement à notre connaissance actuelle des réincarnations. Tant qu'on n'a pas fini son évolution, on reste soumis à la mort ; quand l'évolution est terminée, on ne se réincarne plus ; par conséquent, on ne meurt plus. C'est ce qu'on appelait acquérir l'immortalité.

Les hommes ont toujours prié les dieux, et leur ont demandé de pourvoir à leurs besoins et de satisfaire leurs désirs. Ils s'adressaient aussi très volontiers aux hommes divinisés.

L'un d'eux surtout était très en honneur, Hercule. Celui-ci était plus qu'un homme ; c'était un demi-dieu, Cependant, il était un homme et c'était surtout en raison de son humanité qu'on le priait.

Histoire de Psyché. — Comme exemple d'apothéose, Apulée nous conte, dans son *Ane d'or*, l'histoire de Psyché, qui présente un intérêt de premier ordre. La voici résumée :

Un roi avait trois filles d'une grande beauté; mais la plus jeune, Psyché, dépassait en beauté tout ce qu'on peut imaginer.

Toutes les nations, saisies d'admiration, ne doutent pas qu'elle ne soit une déesse engendrée par la Terre, plus belle et plus puissante que Vénus, fille de la Mer. On lui offre des sacrifices, on se presse sur ses pas, on lui brûle de l'encens; on la prie comme auparavant on priait Vénus, dont les temples finissent par être abandonnés.

Vénus, jalouse et indignée qu'on ose lui préférer une mortelle, la prend en haine et charge son fils Cupidon, l'Amour, de la venger en allumant dans son cœur un amour effréné pour le plus misérable, le plus laid et le plus méprisable de tous les hommes, qui soit dépourvu de dignité et de patrimoine et dont la vie soit toujours menacée.

Les deux sœurs aînées se marient avantageusement à des rois, tandis que Psyché n'est recherchée par personne.

On admire sa beauté, mais on ne fait que l'admirer comme une belle statue.

On va consulter l'oracle d'Apollon, qui ordonne d'abandonner Psyché sur un rocher, où un monstre terrible la prendra pour épouse, un monstre impérieux, cruel, volant dans les airs, qui terrifie Jupiter lui-même.

Psyché est abandonnée sur le rocher, au grand désespoir de ses parents et de toute la population.

Tout le monde étant parti, un zéphire l'enlève et la dépose au pied de la montagne ; elle aperçoit alors un palais magnifique ; elle y entre et y trouve tout le confortable désirable, des repas servis et desservis par des mains invisibles, etc. La nuit venue, elle se couche dans un lit qui lui est préparé ; Cupidon vient se coucher à ses côtés et devient son époux.

Ses sœurs étant venues la visiter furent jalouses et résolurent de la perdre. Elles lui conseillèrent d'allumer une lampe et de prendre un rasoir, puis de constater que son mari était bien le monstre que l'oracle lui avait promis, et de lui couper la tête.

Psyché, malgré les avertissements que Cupidon n'avait pas manqué de lui donner, suivit le conseil de ses sœurs. Une goutte d'huile tomba de la lampe sur l'épaule de Cupidon, le brûla et l'éveilla.

Cupidon, qui avait vainement averti Psyché que, le jour où elle l'aurait vu, il serait obligé de l'abandonner, partit pour ne plus revenir.

Psyché se vengea de ses deux sœurs en leur faisant croire à toutes deux successivement que Cupidon voulait les épouser. Chacune à son tour se précipita du haut du rocher pour aller dans le palais de Cupidon, croyant que le Zéphire allait les soutenir comme autrefois. Elles se broyèrent dans leur chute.

La fureur de Vénus ne connut plus de bornes quand elle s'aperçut que son fils Cupidon, loin de la venger, comme il le lui avait promis, lui avait infligé un nouvel affront en lui donnant pour bru l'objet de sa haine et de sa jalousie. Elle soumit Psyché à une série d'épreuves de plus en plus difficiles et périlleuses, et l'accabla de malheurs et de souffrances.

Toutes les épreuves qu'elle dut subir présentent un grand intérêt en raison de leur symbolisme et des secours variés qui l'aidèrent à en triompher.

Enfin, elle aurait infailliblement succombé, si l'Amour n'était enfin venu à son secours. Aussitôt qu'il fut guéri de sa brûlure, il trompa la surveillance de Vénus, et alla se jeter aux pieds de Jupiter, qui consentit à recevoir Psyché dans l'Olympe. On lui fit boire l'ambroisie, et elle prit place au banquet des dieux. Vénus pardonna.

De l'union de Psyché avec l'Amour naquit une fille, qui est la *Volupté*.

Cette fable est pleine d'enseignements. Pour le moment je n'en retiens que trois : Psyché sauvée par l'Amour, l'Apothéose ou sa mise au rang des dieux, et la naissance de la Volupté.

Psyché, ἡ ψυχὴ l'âme, qu'il ne faut pas confondre avec le πνεῦμα, l'esprit complètement immatériel, quoi qu'en dise le Concile de Constantinople, qui n'y a rien compris, a bien pour racine ψύχω, qui veut dire souffler, mais aussi refroidir, ψῦχος froid, fraîcheur.

Il est certain qu'Origène, qui connaissait bien le grec, puisque c'était sa langue, n'a pas commis d'erreur, mais s'est livré à ses fantaisies symbolico-allégoriques, quand il a interprété cette étymologie en disant que l'âme est ainsi nommée parce qu'elle s'est refroidie de l'amour divin, et a été envoyée sur la terre en punition, et le Concile de 543 a été bien naïf et bien ignorant quand il a pris cette *erreur abominable* au sérieux.

Tant que אָדָם, l'homme, a vécu dans le jardin de délices גַּן עֵדֶן, il a aimé Dieu, qui était tout pour lui ; mais après la faute, sa nature physique s'est modifiée ; il s'est opéré quelque chose d'analogue à une coagulation, et l'amour de Dieu a forcément subi une obnubilation. D'autre part, on peut très bien comparer une âme invisible, s'incarnant et devenant visible, à une vapeur invisible qui, se refroidissant, se condense et devient visible. Il n'y a là que des images, et il ne peut pas y avoir autre chose que des images.

Maintenant, quelque chose de réel, c'est que l'âme humaine, âme dans le sens que lui donnaient les anciens, est singulièrement froide, quoique pouvant être extrêmement belle, tant que l'amour ne s'est pas uni à elle. Regardez une belle jeune fille avant ce que nous appelons la puberté : quel plaisir nous avons à la regarder, quelle admiration elle excite en nous, et quelle jouissance esthétique elle nous fait éprouver ! Mais combien elle nous laisse froids au point de vue sentimental ! Je ne parle que des hommes normaux, je laisse les vicieux de côté. Et elle-même n'est-elle pas d'un calme, d'une froideur exaspérante, tout en étant gaie, vive, spirituelle, jusqu'à ce que l'amour l'ait frôlée de ses ailes.

Vous comprenez alors que c'est l'amour qui sauve Psyché, l'âme humaine, en lui ouvrant les portes de l'Olympe. Je vous l'ai déjà dit, l'amour humain est l'apprentissage de l'amour divin, et l'amour divin seul nous ouvre les portes du plan céleste.

Enfin, la naissance de la Volupté, produit de l'union de

l'âme humaine et de l'amour, se comprend d'elle-même; mais elle a un sens bien profond, qui condamne les moralistes atrabilaires et les Occultistes d'une certaine école, qui ne s'aperçoivent pas que leur austérité, doctrinale mais pas pratique, oh ! non, n'est que la copie maladroite de l'ascétisme théologique. La volupté est le fruit légitime de l'émancipation de l'âme par l'amour, et le don de Dieu pour en assurer les effets.

A l'époque de la décadence, on a abusé beaucoup des apothéoses ; la flatterie s'en est mêlée, et on a divinisé tous les empereurs.

Les apothéoses ont été conservées dans le christianisme ; les chrétiens ont continué à honorer les dieux sous la dénomination d'Anges, et les hommes divinisés, sous le nom de saints. On a changé les mots, mais on a conservé la chose.

Si nous considérons que tous les dieux étaient soumis à Jupiter, je voudrais bien qu'on me montre la différence qu'il y a entre les anges et les dieux, entre les saints et les héros ou les hommes divinisés, qui tous sont soumis à Dieu.

Les mots sont des survivances qui conservent les traces des antiques conceptions. Héros, en grec ἥρως peut être rapproché de ἦρ, contraction de ἔαρ, le printemps, saison des amours. Ἥρα, Junon, même mot que ἦρα, satisfaction, plaisir. Si nous changeons η en ε, nous trouvons ἔρως, l'amour, ἔραμαι, aimer d'amour, ἔρα terre, etc. Et en effet, tous les Héros ont passionnément aimé les dieux, et aussi les créatures. Les Héros ont rendu d'innombrables services aux hommes et les ont délivrés de nombreuses et terribles calamités.

On objecte à ces rapprochements que ἥρως et ἔρως sont deux mots bien différents ; le premier exprime la vaillance, les actions que nous appelons héroïques ; l'autre, exprime le désir, les passions tendres.

Cela est très vrai ; si j'avais prétendu que du verbe ἐράω ou ἔραμαι, aimer, on avait tiré les deux mots dont les sens sont si différents, mon erreur serait inexcusable.

Mais mon intention n'était pas de dériver l'étymologie de ces deux mots d'une racine commune, tirée de la langue complètement formée. Je voulais simplement montrer une parenté tirée d'une étymologie plus lointaine.

La racine *ar*, qui veut dire labourer, ouvrir le sol, donne naissance à beaucoup de mots sanscrits, grecs, latins, etc. : arya, laboureur, et ârya, noble.

Mais ne parlons que du grec :

ἀρόω, labourer et aussi, en poésie, féconder.

ἄρσην et ἄῤῥην, mâle, courageux.

ἄρωμα, herbe odorante, arome, de ἄρουρα, champs de labour.

ἔρα, terre (sanscrit irâ ou idâ).

ἐράω (imparf. ἤρων), aimer.

Dans ce dernier mot, on voit ε se changer en η, sans que le sens soit changé.

Etc., etc.

Ces mots suffiront pour montrer que la racine *ar* peut signifier tout aussi bien le labour en tant que travail que le labour étant une source de fécondation.

Du reste, l'amour est voisin du travail de la peine. On parle de combats amoureux. L'amour est en outre la source de l'héroïsme. A quoi servirait l'héroïsme si l'amour, sous l'une de ses formes, n'était pas à son origine ?

Les saints aussi ont passionnément aimé Dieu, et ont été charitables envers les hommes ; malheureusement, pour l'amour terrestre, leur éducation religieuse les faisait combattre ce sentiment. Mais, au prix de quelles luttes ! On voit dans les écrits des mystiques des aveux qui les montrent tout aussi amoureux que les héros, mais luttant quelquefois jusqu'au détraquement complet.

Qu'est-ce donc qu'un saint ? C'est le héros chrétien, c'est l'homme qui a été divinisé. Vous voyez qu'on trouve là comme partout la continuation du paganisme, mais déguisé.

Maintenant, il faut que je réponde à une question qu'on pose très souvent : Pourquoi prier les saints ? A quoi cela sert-il ? Dieu suffit bien. Il vaut mieux s'adresser à Dieu qu'à ses saints. Après tout, c'est de Dieu que tout dépend ; c'est lui qui nous accorde tout. Quel besoin avons-nous d'intermédiaires ou d'intercesseurs ? N'est-ce pas manquer à Dieu que de s'adresser à un autre que lui ? N'est-ce pas un manque de confiance que de sentir le besoin de lui être pour ainsi dire, recommandé ?

D'abord, on ne prie pas toujours pour obtenir quelque chose. Le mot prier est un mot général qui doit être employé pour exprimer toutes nos aspirations vers l'Invisible céleste, tout aussi bien que les demandes que nous lui faisons. *Precari*, en latin, veut bien dire, en effet, demander quelque chose, mais, en réalité, on prie tout aussi bien pour élever son âme et s'épancher dans le sein de la Divinité que pour demander une faveur quelconque. On prie pour exprimer sa reconnaissance, son amour. On dit très bien : adresser à Dieu une prière de remercîment. Le terme est impropre, c'est vrai, mais il est usité. On dit bien aussi un acte d'amour. La déclaration qu'on fait à Dieu de son amour n'est pourtant pas un acte ; mais on dit aussi une prière d'amour. Conservons donc le mot, mais donnons-lui son sens le plus général.

La prière peut donc être l'expression de nos sentiments d'amour, de reconnaissance, etc., vis-à-vis de Dieu.

Or nous devons aimer Dieu par-dessus tout; mais, après Dieu, nous devons aimer aussi ses créatures.

En outre, c'est toujours à Dieu que nous nous adressons. Quand nous prions un saint, nous savons très bien que toute sa puissance vient de Dieu, et même nous le savons si bien, que si nous pensions que la personnalité céleste à laquelle nous nous adressons relève d'une autre puissance que celle de Dieu lui-même, directement ou indirectement, nous cesserions de la prier.

On dit aussi : Jésus ne nous a pas parlé des saints ; il ne nous a enseigné à prier que le Père directement.

La réponse est facile : d'abord, Jésus nous a enseigné, non seulement à nous adresser au Père directement, mais aussi à le prendre, lui Jésus, pour intermédiaire, et quand il dit : Tout ce que vous demanderez à mon Père *en mon nom*..., il est bien évident que cela ne peut être qu'au nom de l'homme Jésus ; car, si c'était au nom du Verbe, ce serait prier Dieu au nom de Dieu.

D'autre part, dans ses défaillances, inhérentes à la nature humaine, à laquelle il participe, Jésus est soutenu et réconforté par des Anges. Il nous a donc enseigné, par son exemple, à recevoir des secours de créatures de Dieu, tout aussi bien que de Dieu lui-même.

Comparez ces deux situations : Jésus, lors de sa tentation, remporte la victoire ; les Anges viennent et le servent. Il est accablé sous le poids des menaces qui s'accumulent autour de lui ; il prie son Père d'éloigner ce calice ; il a des sueurs de sang ; il se soumet à la volonté de son Père, mais sa nature humaine défaille. C'est un Ange qui vient, non plus pour le servir, mais pour le réconforter.

N'y a-t-il pas là quelque chose de touchant ? Le serviteur qui vient consoler le Maître !

Or, si le Verbe lui-même, en raison de sa nature humaine, peut être aidé par une de ses créatures, à plus forte raison nous, qui n'avons qu'une seule nature, la nature humaine, devons-nous accepter avec joie l'aide que d'autres créatures plus puissantes et plus heureuses que nous, veulent bien nous apporter.

Jésus ne peut pas nous parler des saints, tels qu'on les conçoit aujourd'hui, ils n'étaient pas encore inventés ; mais il parle des saints dans la pure acception du mot, quand il parle d'Abraham, de Moïse, etc. Le mauvais riche prie Abraham, et c'est Abraham qui lui répond, comme aurait pu le faire Dieu lui-même.

Enfin, il y a une autre raison pour prier les saints. Si nous prions Dieu directement et uniquement, nous agissons à l'encontre de sa volonté.

Les puissances célestes ne restent pas dans l'inaction ; elles sont heureuses, mais non pas d'un bonheur passif ; elles sont au contraire très actives. A quoi leur servirait la puissance que Dieu leur a donnée, s'ils ne l'employaient pas à faire les œuvres de Dieu ? Et je vous l'ai dit bien souvent, les œuvres de Dieu sont toutes d'amour, envers nous comme envers toutes les créatures. S'il délègue une certaine somme de puissance à quelques-unes d'entre elles, c'est pour les mettre à même d'aider les autres. ......

Pour le moment, ne parlons pas des puissances primordiales; bornons-nous à ceux que vous me permettrez d'appeler les *apothéosés*.

J'ai vécu sur la terre, j'ai évolué ; Dieu m'a élevé au rang de puissance céleste, et je viens parmi vous pour vous aider. Vous ne voulez pas de moi, et vous me dites : Toi, je ne te connais pas ; si j'ai besoin de quelque chose, je saurai bien le demander à Dieu sans que tu t'en mêles. Si tu es un élu de Dieu, va chanter ses louanges ; tu n'as que ça à faire.

Je m'en retournerai et je dirai à Dieu : Voilà ce que vous m'avez donné, vos dons sont illusoires ; je ne peux pas en trouver l'emploi.

A quoi me sert, en effet, d'avoir de l'argent, si personne ne veut rien me vendre ? A quoi me sert d'avoir des marchandises, si personne ne veut rien m'acheter ? A quoi me sert de posséder des talents, des connaissances, si personne ne veut les utiliser ?

Quand je vivais au milieu de vous sur la terre, j'étais capable de vous rendre quelques services ; vous me les avez demandés ; je vous les ai rendus. Vous n'avez pas craint à ce moment-là de manquer de confiance en Dieu. Quand vous m'avez dit : J'ai besoin de telle chose, aidez-moi à la trouver, je ne vous ai pas répondu : Vous n'avez donc pas la foi, que vous vous adressez à moi au lieu de demander à Dieu lui-même ce dont vous avez besoin ? — Je me suis mis en quête ; j'ai trouvé le moyen de vous procurer ce que vous m'aviez demandé, et le résultat a été double : Je vous ai rendu service ; j'ai usé de ma puissance pour l'amour du prochain, et cela a aidé à mon évolution. Vous avez su gré à la personne qui vous a rendu le service dont vous aviez besoin, vous m'avez su gré de m'y être employé ; cela vous a donné l'occasion de manifester votre reconnaissance, et vous avez évolué.

Maintenant que je suis mort, c'est-à-dire entré dans l'éternité, Dieu m'a donné une puissance bien plus grande que je n'aurais jamais pu avoir pendant ma vie terrestre. Pourquoi ne voulez-vous plus me connaître ? Pourquoi ne voulez-vous pas me permettre d'exercer cette puissance que Dieu m'a donnée ? Nous en profiterions tous deux.

En toutes ses œuvres, Dieu utilise toujours ses créatures. Dire qu'il est tout-puissant et qu'il n'a besoin de personne pour faire ses œuvres est une absurdité. S'il n'avait besoin de personne, pourquoi aurait-il créé des multitudes innombrables d'êtres vivants ? Les a-t-il créés uniquement pour leur faire piler des bouchons ?

La fonction crée l'organe et l'exercice le développe. Dieu nous a donné une puissance ; l'exercice de cette puissance la développe. Tout est chez nous à l'état de germe, c'est-à-dire en Potentiel. Nous réagissons les uns sur les autres pour développer mutuellement nos potentialités.

En résumé, vouloir éliminer les puissances célestes que Dieu nous envoie, c'est refuser de recevoir les dons de ceux qui s'offrent à nous pour nous évoluer en évoluant eux-mêmes ; c'est refuser de collaborer à une évolution supérieure, évolution d'amour, évolution de ceux qui viennent collaborer à notre évolution terrestre.

Donc, loin de déplaire à Dieu en nous adressant à ses saints, nous refusons de faire sa volonté en les méconnaissant. Nous avons trop l'habitude de ne penser qu'à nous. Est-ce que nous ne devons prier que pour nos intérêts propres ? Est-ce que nous ne devons pas penser aussi à la contre-partie de notre prière ? La *Communion des Saints* n'est pas autre chose. C'est le lien et l'évolution par l'amour des hommes entre eux, des saints entre eux, des hommes et des saints, et de tous en Dieu.

Voilà pourquoi, quand on me dit : Je dois ennuyer sainte Philomène, la fatiguer à la fin, à force de lui conter mes affaires et de lui demander tant de choses, je réponds :

Au contraire, plus vous lui en demanderez, plus vous lui ferez plaisir.

On ajoute : Il y a cependant une limite ? Il ne faut pas abuser ; quand Dieu nous a déjà tant donné, il ne faut pas le fatiguer de nos demandes. Je réponds encore : Il n'y a pas de limite ; il faut être insatiable ; plus Dieu nous a donné, plus il faut lui demander ; on ne le fatigue jamais.

Nous ne devons pas craindre de demander à Dieu, même les choses les plus minimes. Seulement, il ne faut pas se croiser les bras ensuite.

Je ne vois plus qu'un seul ordre d'objections qu'on puisse me faire : Pourquoi ne prierions-nous pas tous les morts indistinctement, quand ils ont été de braves gens pendant leur vie ? Pourquoi ne pas prier nos ancêtres, comme les Chinois, les Japonais, etc. ? Si nous devons faire un choix parmi les morts que nous pouvons prier, qu'est-ce qui déterminera ce choix ? Enfin, quelle est la compétence du clergé pour nous désigner ceux qui sont des saints ? Si nous prions ceux qu'il nous désigne, n'y a-t-il pas de notre part une adhésion, une soumission à leur hiérarchie ? N'est-ce pas reconnaître leur magistère ?

Nous ne prions pas tous les morts indistinctement, bien qu'ils aient été de braves gens pendant leur vie terrestre, parce qu'il n'y a pas un homme au monde qui puisse juger les autres hommes. En général, les meilleures personnes, à notre jugement à nous, ont besoin de nos prières et ne sont pas en situation de nous protéger.

Si nous prions pour des hommes que Dieu n'a pas encore élevés au rang des élus, nous pouvons leur faire beaucoup de bien, en raison de la solidarité qui nous unit tous les uns aux autres, solidarité dont le monde connaît bien peu de chose, mais qui est poussée à un point tel que nous pouvons considérer l'humanité comme ne faisant qu'un seul homme.

Mais si, au lieu de prier pour eux, nous les prions eux-mêmes pour obtenir des faveurs quelconques, nous leur faisons plus de mal que de bien, et nous, nous n'avons rien à attendre d'eux ; ils sont dénués de toute puissance, plus encore que sur le plan physique.

Nous ne prions pas nos ancêtres parce que nous n'en avons pas. Cela est triste à dire, mais dans notre occident, et surtout à notre époque, nos parents ne sont guère plus que nos géniteurs. Je mets à part, bien entendu, quelques familles que, du reste, le monde, traite de vieilles bêtes, qui sont de véritables parents pour leurs enfants ; mais ces familles sont l'exception, et nous pouvons les considérer comme des élus. J'en connais qui sont dans cette situation; pour ceux-là, je ne vois aucun inconvénient à ce que les enfants, s'ils ont eu le malheur de les perdre, leur demandent protection dans l'au-delà.

Chez les Anciens, on avait le culte des *Mânes*, mais les relations familiales étaient tout autres qu'elles ne sont aujourd'hui. Chez quelques peuples, les Chinois, les Japonais, par exemple, ce culte est possible et existe en effet ; il produit même d'excellents résultats. Mais on s'y comporte en conséquence.

Il est bien entendu que prier ses parents, quand ils ont été à la hauteur de leur mission, ne présente aucune contradiction avec ce que j'ai dit plus haut.

De ce que mes parents ont été bons pour moi et m'ont aimé, il ne s'ensuit pas qu'ils aient terminé leur évolution ; mais leur situation de parents crée un lien qui les attache à moi, et leur amour consolide ce lien que leur indifférence aurait laissé se briser. Nous sommes unis dans le plan kamique supérieur, de telle sorte que, si je leur demande de me protéger, ma prière va à Dieu avec leur collaboration.

Étant dans l'invisible, non encore revêtus de puissance, ils ne peuvent rien, ni pour nous ni pour eux ; mais, comme je vous l'ai déjà dit, nous qui sommes sur la terre, c'est-à-dire dans le plan où nous avons un point d'appui solide, nous pouvons beaucoup, et le lien d'amour qui existe entre eux et nous les font participer à ce point d'appui pendant toute la durée de notre invocation, de sorte que cette invocation leur est utile en même temps qu'à nous. C'est une des formes de la prière pour les morts.

Aussi, je peux bien invoquer la protection de tels parents, mais je ne peux pas les proposer à d'autres comme protecteurs dont ils puissent demander l'aide.

Pour ce qui est des ancêtres, au point de vue de la patrie, ils sont une puissance égrégorique ; ils font partie constituante des groupes invisibles de l'Egrégore de la patrie.

Pour cette catégorie encore, nous pouvons dire que la nation à laquelle ils appartiennent peut les invoquer, mais les autres nations ne le peuvent pas, à moins que, dans les relations amicales, comme dans l'antiquité, où chacun rendait hommage aux dieux du pays où il recevait l'hospitalité.

Reste enfin la question brûlante : quelle est la valeur des décisions du clergé ? Mais, avant tout, nous devons avoir assez d'indépendance d'esprit pour qu'un désincarné ne nous paraisse pas dénué de tout ce qui peut attirer notre respect et notre sympathie, par ce seul fait que le clergé l'a désigné à notre vénération. D'autre part, nous ne nous adressons pas à un saint, nous, Occultistes, parce que le clergé nous l'a indiqué comme tel, mais plutôt malgré cette décision.

Le clergé n'en sait pas plus long que nous sur la situation de telle ou telle personne après sa mort. Mais, s'il est incapable, malgré ses prétentions, de nous guider dans ce sens il est parfaitement incapable aussi de nous influencer dans cette matière : nous l'ignorons, et c'est tout. Prenons pour exemple Jeanne d'Arc, que nous vénérons tous. Qu'ils, la jugent indigne de leur canonisation ou que, au contraire, ils la canonisent, nos sentiments ne doivent pas en être altérés. Quoi qu'ils décident, elle sera toujours pour nous une grande sainte, et nous continuerons à l'aimer et à la vénérer.

Où est donc notre garantie ? Comment devons-nous choisir la personne que nous pouvons prier ? Qu'est-ce qui nous indique que nos prières vont à une puissance réelle et céleste ?

Pour c[illegible] n'avons aucun mal à nous donner, parce que cela ne nous regarde pas ; aucun homme n'est à même de discerner les Esprits ; personne ne peut dire : Un tel est un saint ; tel autre n'a pas encore achevé son évolution.

Nous avons trois puissances certaines que tout le monde connaît : la puissance suprême, Dieu ; sa manifestation sur la terre, Jésus-Christ, et la créature sublime, la plus élevée de toutes les créatures, la Vierge céleste. Nous pouvons et nous devons prier ces trois puissances, et, si rien de particulier ne survient dans notre existence, nous pouvons nous en tenir là. Rien ne nous oblige à nous creuser la tête pour savoir quel saint, quel ange ou quel dieu nous pourrions prier en outre de ces trois puissances. La plupart du temps, ces dévotions *cherchées* sont de la pure superstition.

Mais il en est tout autrement si une puissance céleste vient à se manifester à nous, par un des procédés dont je vais bientôt vous parler. Quelle que soit cette puissance, quand la connaissance est faite, nous devons la prendre pour ce qu'elle nous dit être et la prier, la prier dans le sens général que nous sommes obligés de donner à ce mot.

Quand l'ange Raphael se présente à Tobie, il lui dit : Je m'appelle Azarias, je suis le fils du grand Ananias Quand, au moment de prendre congé, l'Ange révèle sa véritable personnalité, Tobie ne pense même pas à l'accuser de l'avoir trompé. Et, par le fait, il n'y a là aucune tromperie. Il arrive fréquemment que la puissance céleste qui se manifeste à nous ne se nomme même pas ; quelquefois, elle donne un nom quelconque, ce qui est encore une des formes de l'anonymat. Croyez-vous vraiment que l'influence qui inspirait Mlle Couédon était l'ange Gabriel ? Cependant, ce médium n'a jamais passé pour une victime de Satan.

Le cas de Mme Lay-Fontvieille est très intéressant à cet égard. Chez elle, l'état de *trance* est complet. Quand elle revient à l'état normal, elle ne se rappelle absolument rien. L'influence invisible ne se contente pas de l'inspirer, de de l'*intuitionner*, comme elle dit, elle s'incarne en elle et parle par sa bouche. C'est un phénomène bien connu sous le nom d'incarnation spirite.

Cette influence dit se nommer Julia ; elle a raconté qu'elle était une petite fille d'environ 5 à 6 ans, morte depuis moins de cent ans.

Est-il bien vrai que cette Julia existe, qu'elle ne soit en outre qu'une petite fille si jeune ? N'est-elle pas plutôt un mauvais esprit, un démon, qui vient tromper ceux qui ont confiance en elle ?

Les catholiques instruits, parmi lesquels des membres éminents du clergé, la considèrent comme un très bon esprit ; les catholiques ignorants, parmi lesquels aussi se trouvent des membres du clergé, n'hésitent pas à déclarer que Julia est un suppôt de Satan, un esprit menteur et pervers. Comme vous le savez, les ignorants sont beaucoup plus perspicaces que les autres.

On lui reproche, entre autres mensonges, de se prétendre si jeune et de faire preuve d'une expérience qui ne se rencontre que chez des personnes âgées. Cette objection prouve simplement une ignorance complète des choses de l'invisible ; un apprenti occultiste ou spirite apprendra à ces messieurs qu'un enfant qui meurt à la mamelle peut avoir des milliers d'années et un karma abondamment pourvu.

Pour l'existence réelle de la petite fille, je puis apporter mon témoignage ; je l'ai vue. Je sais très bien que cette affirmation n'a de valeur que pour moi et les occultistes qui sont familiarisés avec les choses de l'invisible. Les autres diront qu'une vision ne prouve rien, et ils auront raison ; car une vision n'a de valeur que si celui qui voit prend les précautions nécessaires pour ne pas s'illusionner lui-même, et s'il a donné des preuves de sa clairvoyance et aussi de sa sincérité.

Je dirai donc, seulement pour ceux qui me connaissent, que j'ai vu plusieurs fois une petite fille qui paraissait me prendre en affection ; elle ne me disait rien ; elle venait, me souriait, quelquefois même elle m'embrassait, puis elle disparaissait. Cela a duré quelque temps, puis je ne l'ai plus revue. Je ne savais pas qui elle était, mais je ne m'en préoccupais pas. Quelques années plus tard, Mme Lay-Fontvieille vint à Paris; je fis sa connaissance, et, de suite, Julia me donna des preuves écrasantes de sa lucidité. Nous nous prîmes de sympathie immédiatement, sympathie qui s'étendit jusqu'à son médium elle-même.

Le soir ou le lendemain soir de cette entrevue, je ne me rappelle plus bien exactement la date, il était 10 heures, je travaillais à mon bureau, quand j'entendis des pas légers, et, me retournant, je vis une gentille petite fille qui venait à moi en souriant : c'était Julia, c'était aussi la petite fille qui venait me voir quelques années auparavant. Je l'ai revue souvent depuis, et je continue à l'aimer beaucoup, d'autant plus qu'elle aime sainte Philomène et qu'elle en est protégée.

Un jour, Julia, par la bouche de Mme Lay-Fontvieille, m'a dit qu'elle était venue me voir autrefois parce qu'elle voulait que la dame (la dame, c'est son médium) vienne à Paris, et qu'elle y était venue elle-même à l'avance pour lui préparer le terrain. Elle m'avait rencontré dans ses recherches et s'était prise d'amitié pour moi.

Enfin, je dois raconter un épisode qui, malheureusement, ne peut plus être corroboré par des preuves : Julia m'a fait dire un jour, par un de ses consultants, qu'elle voulait me donner sa photographie. J'ai enveloppé dans plusieurs doubles de papier noir une plaque sensible ; je l'ai appliquée sur mon front pendant 20 minutes ; j'ai vu la petite Julia arriver, et, gentiment, faire un plongeon dans ma plaque. Au développement, il est venu une petite fille en robe courte, nu-tête, et tenant un livre ouvert à la main. C'était la reproduction de ce que j'avais vu le soir dont je viens de vous parler. J'ai montré cette photographie à beaucoup de personnes, à Papus et à mes élèves, entre autres; mais un malheur est arrivé : quelqu'un l'a trop approchée du bec électrique pour la regarder, et elle a été brûlée. J'ai vainement essayé depuis d'obtenir une nouvelle épreuve; Julia y a mis toute la bonne volonté possible, mais je n'ai rien obtenu.

Voilà pour l'existence réelle de la petite fille. Ceci ne renseigne pas sur ses origines ; visions et photographie, je ne dirai pas prouvent, mais tendent à prouver seulement son existence et ses corrélations avec la Julia de Mme Lay-Fontvieille.

Quant à sa valeur, son origine invisible, il n'y a aucun doute : Julia est un bon esprit ; elle ne donne que de bons conseils ; elle console ; elle est serviable ; elle a rendu de nombreux services, et n'a jamais dit quoi que ce fût de répréhensible.

Que nous importe le reste? Qu'avons-nous besoin de savoir si elle est réellement la petite fille qu'elle prétend être, et sous la forme de laquelle elle se montre, ou bien si elle est une autre personnalité se dissimulant sous cette apparence ? Une seule chose importe : depuis de nombreuses années qu'elle se manifeste, soit dans le Midi, soit dans Paris, elle a été une providence pour beaucoup de personnes, et elle n'a fait que du bien. Son médium est aussi une dame très respectable, très religieuse et très charitable. Que peut-on demander de plus ? (1)

(1) J'ai pris le cas de Mme Lay-Fontvieille et de Julia pour exemple, parce que je suis sûr de la réalité des faits. J'ai donné les raisons qui me font admettre l'existence de Julia et la sincérité de Mme Lay-Fontvielle ; mais il est important que je vous mette en garde contre certains bruits malveillants.

L'Adversaire cherche à détourner le plus de monde possible de sainte Philomène : il ne pouvait pas épargner Julia, qui est une protégée de sainte Philomène.

Je sais pertinemment qu'on a raconté que Julia avait donné à certaines personnes des conseils immoraux. Vérification faite, il s'est trouvé que ces personnes avaient en effet demandé à Julia de les aider pour des entreprises qui n'étaient, du reste, ni louches ni immorales, mais seulement scabreuses, et que Julia les avait reprises doucement et les avait détournées de leurs projets.

On a publié quelquefois des consultations politiques de Julia, qui n'avaient pas grande valeur, des prédictions qui ne se réalisaient pas. Je me suis informé : chaque fois qu'on est allé l'interviewer sur les choses de la politique, elle a répondu gentiment que cela ne faisait pas

Avant de quitter Julia, je ne résiste pas à la tentation de citer un trait d'esprit clérico-pédant : un jour qu'un catholique, instruit par ailleurs, mais ignorant des choses de l'invisible, et clérical en diable, me montrait Julia comme un esprit pervers, et que je la défendais, il me dit : Mais son médium lui-même, quelle est sa moralité ? — Je lui répondis que cela importait beaucoup moins qu'il ne le croyait, mais que, justement, elle était d'une moralité irréprochable et, en outre, très bonne catholique. La réponse vaut son pesant d'or : Bon, mais qui prouve qu'elle sera toujours ainsi !

J'avoue que j'ai été désarmé. Mais vous-même, qui prouve que vous serez toujours aussi... obnubilé ?

partie de sa mission, et qu'elle refusait absolument toute consultation politique.

Il faut qu'on sache bien que Julia a une mission précise, qui consiste à donner des preuves de la survivance de l'âme, de l'aide que l'Invisible peut nous donner, et de la Providence divine, qui ne nous abandonne pas. Elle a aussi pour mission de consoler, d'aider et de donner de bons conseils. Toutes les fois que vous la consulterez pour vos affaires, spirituelles et temporelles, elle vous répondra et elle vous aidera ; quand vous lui demanderez si nous aurons la guerre, si le ministère tombera, et autres choses du même ordre, elle se récusera. Cela ne la regarde pas.

Enfin, un médium a prétendu que ce n'était plus Julia qui s'incarnait en Mme Lay-Fontvieille, qu'elle était partie et que maintenant c'était un autre esprit qui venait, esprit bien inférieur, ce qui expliquerait pourquoi la lucidité de Mme Lay-Fontvieille a disparu.

Ici encore, j'ai tenu à vérifier ; j'ai fait moi-même une enquête : 1° la lucidité de Mme Lay-Fontvieille n'a subi aucune diminution, j'en ai eu des preuves nombreuses. Très souvent, un assez grand nombre de mes élèves vont la voir, et me racontent ce que Julia leur a dit. Ils sont émerveillés, non seulement de sa lucidité, mais de la précision de ses descriptions et de ses prédictions. Tout dernièrement, je lui ai amené trois consultants de ma famille, en deux séances, à quelques jours d'intervalle ; j'ai assisté à ces deux séances, et j'ai bien reconnu ma bonne petite amie Julia, toujours la même, et sa lucidité était complète et a stupéfait ceux que je lui avais amenés ; 2° la mission de Julia n'est pas encore terminée, elle ne s'en ira que dans longtemps.

Quand vous croirez que Julia se sera trompée, réservez votre jugement : il est arrivé quelquefois qu'on a cru à une erreur, et que le consultant a fini par s'apercevoir que c'était lui qui s'était trompé. Il en est souvent ainsi quand on vous révèle des choses qui sont le contraire de ce qu'on attendait.

Je vous ai raconté tout cela pour vous montrer combien peu importantes sont les vétilles auxquelles s'attachent les théologiens pour créer des difficultés bien inutiles. Ils devraient pourtant bien comprendre que la seule manière de discerner les esprits, c'est de suivre la méthode que Jésus-Christ lui-même nous a enseignée. Vous reconnaîtrez les arbres à leurs fruits.

Quand une puissance céleste vient se révéler à nous, cela peut être pour nous aider, nous particulièrement, ou bien cela peut être pour une mission plus générale.

Dans le premier cas, celui qui reçoit cette protection n'a qu'à en profiter et à en être reconnaissant. Il peut en parler, mais il n'y a pas lieu de faire de la propagande, à moins qu'on ne le lui demande ; en général, la puissance protectrice saura se faire connaître elle-même à ceux qu'elle se propose d'aider.

Dans le second cas, la puissance qui s'est manifestée se fait des partisans pour accomplir son œuvre. Celui à qui la révélation a été faite doit la faire connaître, de façon à faciliter l'œuvre à laquelle, par la suite, il devra se dévouer.

Il résulte de tout cela que ce sont les saints qui se révèlent eux-mêmes, soit directement, soit par l'intermédiaire d'une personne à qui l'on a confiance, mais qui n'a aucun titre officiel, au point de vue social, à jouer un pareil rôle : tout mon crédit, vis-à-vis de vous, n'est basé et ne doit être basé que sur la confiance que vous m'accordez.

Je vais vous parler maintenant d'une puissance céleste qui nous intéresse tout particulièrement, puissance que j'ai souvent mentionnée devant vous, et dont l'histoire vous fera encore mieux comprendre tout ce que je viens de vous dire.

Sainte Philomène. — Nous devons étudier sainte Philomène à deux points de vue principaux : la personne réelle et la puissance invisible.

Commençons par la personne réelle.

Nous n'en connaissons rien de certain. On a quelques faits positifs dont on a tiré des conséquences qui sont discutables et discutées. On a aussi des faits de révélations ou de quasi-révélations sur lesquels chacun pense ce qu'il veut.

Le 25 mai 1802, on découvrit dans la catacombe de sainte Priscille, via Salaria, à Rome, une sépulture qui paraissait intacte. Elle se trouvait dans un *Loculus* qui n'avait pas encore été visité. Le tombeau était couvert par trois briques, sur lesquelles il y avait des inscriptions peintes en rouge. Sur la première, il y avait écrit LUMENA et une ancre y était dessinée, couchée, avec une flèche debout, la pointe en haut. Sur la seconde, il y avait PAX TE, quelque chose qui ressemble à une palme, une corde terminée à chaque bout par une balle et un nœud, et un javelot. Enfin, la troisième portait CUM FI, une flèche la pointe en bas et un feuillage qui ne pouvait être interprété que comme une branche de lis.

Nous reviendrons plus tard sur les interprétations diverses auxquelles ont donné lieu ces inscriptions.

Dans l'intérieur de la sépulture on trouva un petit squelette qui fut examiné par des médecins experts, qui déclarèrent qu'il avait appartenu à une jeune fille d'environ 13 ans. Il y avait en outre des débris de vêtements et une ampoule brisée, contenant une matière noirâtre que l'expertise démontra être du sang coagulé et desséché. Cette ampoule correspondait très bien à l'opinion qui déjà se dégageait des inscriptions, savoir qu'il s'agissait d'une martyre. C'était, en effet, la coutume de recueillir du sang de la victime et de l'inhumer avec ses restes.

Tout le contenu de la sépulture fut placé dans la custode où se trouvaient déjà 12 squelettes : celui-ci était le treizième. Encore le nombre 13.

Ce n'est que trois ans après, en 1805, que Don Francesco di Lucia vint à Rome demander une relique, et, après beaucoup de difficultés, emporta les restes de sainte Philomène à Mugnano, près de Naples. Ce transport fut marqué par un certain nombre de miracles. Il s'en fit aussi beaucoup à Mugnano, puis on n'en entendit plus parler.

En 1819, un frère de Saint-Jean de Dieu, qui avait séjourné à Mugnano, visita à Lyon une malade riche, Mlle Jaricot, atteinte d'une maladie du cœur, et lui parla de sainte Philomène et de tous les miracles qu'elle faisait. Mlle Jaricot conçut l'espoir d'être guérie par sainte Philomène ; mais ce ne fut que longtemps après, en 1835, qu'elle alla à Mugnano, malgré son grand état de faiblesse. La maladie avait fait des progrès tels qu'on s'attendait à la voir mourir sous peu. Son médecin s'opposa à ce voyage, mais elle partit quand même et arriva péniblement à Mugnano, après un court séjour à Rome, où elle vit le pape, qui chercha à la détourner de continuer son voyage, tellement il la voyait malade. Elle repartit malgré tout, emportant la promesse du pape Grégoire XVI d'autoriser le culte de sainte Philomène si elle revenait guérie.

Arrivée à Mugnano, elle fit une neuvaine à sainte Philomène, et, le 8 novembre, elle fut guérie. Quand elle revint à Rome, le pape fut plongé dans la stupéfaction en la voyant vive, alerte et bien portante.

Le 30 janvier 1837, Grégoire XVI rendit un décret autorisant le culte public de sainte Philomène.

En 1836, une dame de la paroisse de Saint-Gervais, sur les conseils de Mlle Jaricot, avait demandé une grâce à sainte Philomène, qui la lui avait accordée.

Par reconnaissance, elle déposa à l'église Saint-Gervais des reliques et une image, et depuis ce temps, le culte de sainte Philomène n'a pas cessé d'être célébré dans cette église, où il fut autorisé le 9 août par Mgr de Quélen, archevêque de Paris.

Enfin, en 1839, Mlle Jaricot déposa, le 8 novembre, des reliques de sainte Philomène à Fourvière, dans une chapelle qu'elle avait fait bâtir à cette intention.

Peu de temps après, le curé d'Ars, le célèbre abbé Vianney, fit la connaissance de Mlle Jaricot, qui lui donna des reliques. Depuis ce moment, le curé d'Ars fut, jusqu'à sa mort, un fervent de sainte Philomène. Le sanctuaire de sainte Philomène existe encore à Ars.

Voilà l'histoire succincte de l'établissement du culte de sainte Philomène. Il y aurait bien des détails intéressants à raconter, mais cela allongerait trop ce travail ; nous devons nous borner à ces quelques documents.

Voyons maintenant les révélations.

Elles proviennent de trois visions qui rééditent approximativement la légende d'un autre personnage hypothétique : Catherine d'Alexandrie.

D'après ces visions, sainte Philomène aurait été la fille d'un roi grec qui, ayant à se plaindre de quelques tracasseries de la part des agents impériaux, serait venu à Rome pour se plaindre à Dioclétien et solliciter sa protection.

Il avait emmené avec lui sa femme et sa fille Φιλουμένα, Filumena, âgée de 13 ans.

Dioclétien devint amo eu e la jeune fille, qui était

fort belle, et la demanda en mariage à son père, tout en lui promettant son appui.

Mais Philomène était chrétienne et avait fait vœu de virginité ; elle refusa. Toutes les instances furent inutiles, et Dioclétien, fou de rage et de chagrin, lui fit subir plusieurs sortes de supplices, sans parvenir à ébranler sa résolution.

On commença par le supplice du fouet, puis on la porta sanglante dans sa prison. Pendant la nuit, la sainte Vierge la guérit complètement de ses blessures et l'encouragea à persévérer.

Dioclétien, voyant ce miracle, l'attribua à Jupiter, et dit à Philomène qu'elle était l'objet d'une faveur insigne du roi des dieux, faveur qui la désignait clairement pour être impératrice. Philomène savait à quoi s'en tenir et persévéra dans son refus.

Dioclétien la condamna à mourir sous les flèches, mais aucune flèche ne put l'atteindre. Les javelots rougis au feu, se retournaient et venaient frapper les soldats qui les lançaient. Beaucoup de soldats, témoins de ces miracles, se convertirent.

On lui attacha alors une ancre au cou et on la jeta dans le Tibre. La corde cassa et Philomène surnagea et fut portée sur la rive.

Enfin, Dioclétien lui fit trancher la tête et tout fut fini.

Cette légende fut acceptée d'emblée par les fervents ; elle fut même, non pas reconnue comme authentique, mais autorisée par le pape, et tout le rituel de son culte fut basé sur elle ; les prières et les litanies en mentionnent les principaux épisodes.

Cet état de choses dura jusqu'aux dernières années du XIXe siècle. Mais, dans les environs de 1890, il se fit un mouvement dans une certaine partie du clergé ; on publia des écrits, on prêcha même pour combattre la légende. C'est alors qu'on prétendit du haut de la chaire que, bien loin d'être une fille de roi, elle avait été une petite esclave. On prétendit qu'il était impossible qu'elle eût vécu du temps de Dioclétien ; que toute son histoire se déroule sous le règne de Néron, et que c'est pendant la persécution de Néron qu'elle périt.

Pour d'autres, elle vécut sous les Antonins ; d'autres fixèrent d'autres époques. Tout cela, bien entendu, prouvé par l'archéologie, qui, vous le savez, ne peut pas se tromper, même quand elle dit des choses contradictoires.

Aujourd'hui, on va plus loin. Toujours au nom de l'archéologie, on prouve qu'elle n'a jamais existé. Il y a bien eu un squelette, mais ce n'est pas à lui que s'appliquait l'inscription des trois briques.

En effet, il y a une incertitude très grande sur la signification de cette inscription, incertitude qui autorise toutes les suppositions. Comme je vous l'ai dit, il y a un instant, les briques portent l'inscription : *Lumena pax tecum Fi.* Cette phrase est incompréhensible.

On a d'abord pensé qu'il s'agissait d'une petite fille qui s'appelait Lumena, et on lisait : Paix avec toi, Lumena. Mais alors, que faire du dernier mot *Fi ?* Est-ce une abréviation de *filia ?* Peut-être. Mais, fille de qui ? On a alors bafouillé, on a cru voir fille de la lumière, et cette désignation subsiste dans quelques cantiques : Salut, fille de la lumière, chaste épouse du Roi des rois. Mais cela est impossible : *Lumena pax tecum filia* ne peut pas remplacer *Luminis pax tecum filia.* Le mot *Lumena* ne peut être ni un génitif ni un adjectif ; il ne peut pas être non plus une contraction de *luminosa.*

Faut-il lire *fiat*, Lumena, que la paix soit faite avec toi ? Ce n'est pas ainsi qu'on disait : il faudrait *sit* et non pas *fiat*, que la paix soit avec toi.

On s'est alors avisé que les briques pourraient bien ne pas se trouver dans leur ordre, que, la dernière se trouvant mise la première, on n'a qu'à rétablir l'ordre ; on lit alors : *Pax tecum Filumena*, paix avec toi, Philomène, ce qui, en effet, est bien plus rationnel.

C'est cette dernière hypothèse qui a prévalu et qui est devenue la vérité *reçue, acceptée*.

Mais alors, il reste à expliquer pourquoi cette interversion. Ou bien elle est primitive, ou bien elle provient d'un remaniement.

Si elle est primitive, peut-on l'expliquer, comme on l'a dit et accepté, par ce fait que les ensevelissements de chrétiens martyrisés se faisaient en cachette et que, dans la hâte, les *fossores* se sont trompés, n'ont pas pris le temps d'ajuster les briques convenablement ? Cette version est absurde. Avant d'ajuster les briques, il a fallu les fabriquer, et cette fabrication ne pouvait pas se faire si hâtivement. Quand on a le temps de pétrir trois briques, de les cuire et de peindre sur elles des inscriptions, on peut bien trouver le temps de les ajuster. Il n'était du reste pas difficile de s'apercevoir de l'erreur et d'y remédier pendant que le travail était encore frais.

Peut-on dire qu'on a fait exprès de placer ces briques de façon à dérouter les recherches ? Cela ne peut guère se soutenir : non seulement on n'avait aucun intérêt à cette dissimulation, mais elle aurait été une précaution bien illusoire, car les contemporains n'auraient pas pu s'y tromper.

Reste donc l'hypothèse du remaniement ; mais alors, il ne reste plus aucune garantie. Si l'on pouvait prouver que la tombe a été ouverte, puis refermée, on ne pourrait pas savoir si le squelette de 1802 est bien celui qu'indique l'inscription.

Comme vous le voyez, il règne une grande incertitude sur l'existence même de la Sainte.

Quoi qu'il en soit, depuis environ un an, on a imaginé, comme je viens de vous le dire, que sainte Philomène n'avait jamais existé. Et c'est alors qu'on a expliqué le remaniement auquel je viens de faire allusion.

Les places manquant dans les catacombes pour des sépultures nouvelles, on utilisait les anciennes. On ouvrait une tombe ; on en enlevait le contenu et on déposait le nouveau corps à la place, puis on remettait les briques en place, mais en intervertissant l'ordre, pour montrer que l'inscription ne se rapportait pas aux restes qui y étaient contenus. On prétend alors qu'il en a été ainsi pour le petit squelette de 1802.

Cela n'a pas suffi : on a publié des écrits dans lesquels on rappelait l'histoire de saint Expédit, et on rangeait sainte Philomène dans la même catégorie.

Tout le monde sait que saint Expédit est une invention des Dominicains, pour lutter contre le saint Antoine de Padoue des Franciscains. Vous savez qu'il y a toujours eu une rivalité entre les Dominicains et les Franciscains. Cette rivalité dure toujours ; elle prend toutes les formes. Jadis elle a même été tragique : les Franciscains soutenaient que la Vierge avait été conçue sans péché, les Dominicains soutenaient le contraire. Quelques miracles, quelques visions et surtout la conviction générale parmi les chrétiens, semblaient donner raison aux Franciscains. Un Dominicain se déguisa en Vierge Marie et simula une apparition devant un novice crédule, auquel il dit entre autres :

Je suis née dans le péché comme toutes les autre femmes.

Cette fois, les Dominicains triomphaient, mais leur joie fut de courte durée: un accident fit découvrir la fraude, et quelques Dominicains furent jugés et brûlés vifs (1).

Aujourd'hui, la rivalité prend une autre forme. Saint Antoine de Padoue, le pain de Saint Antoine, celui qui, fait retrouver les objets perdus; saint Antoine, après tout, n'a été qu'un supérieur des Franciscains ; il n'a rien eu de bien remarquable, mais il fait une réclame énorme aux Franciscains. Les Dominicains pourraient bien, eux aussi avoir un saint à miracles ! Expédit, cela convient... Tiens, tiens, expedit,... au fait, pourquoi pas ?

Un beau jour, on apprend que saint Antoine ne donne pas toujours tout ce qu'on lui demande ; mais il y a un autre saint auquel on ne pense pas, un soldat de la légion thébaine, saint Expédit, qui est bien plus généreux. Quand saint Antoine n'accorde pas ce qu'on lui demande, on va trouver saint Expédit ; l'effet est immanquable ; on obtient tout de suite ce qu'on voulait.

Voilà le saint qu'on associe à sainte Philomène pour la faire disparaître.

Mais raisonnons un peu : pourquoi sainte Philomène plutôt qu'un autre ?. Elle n'a jamais existé, soit ; vous n'en savez rien, mais admettons. Etes-vous bien sûre que sainte Catherine d'Alexandrie ait existé ? Etes-vous bien sûrs que les ossements des saints Gervais et Protais soient bien ceux qui répondent au rêve, à la rêvasserie, comme vous dites, de saint Ambroise ? Y a-t-il jamais eu un saint Gervais et un saint Protais ? Y a-t-il jamais eu un saint Denis, Διόνυσος, un saint Rustique, un saint Eleuthère ?

(1) Ceci se passait en 1509.

Y a-t-il jamais eu un saint Fructueux ? Y a-t-il jamais eu un saint Guignolet, un saint Foutin ? un saint Grêluchon ou Guerluchon, etc. etc. ? Pourquoi ne cherchez-vous pas à démolir tous ces fantômes ? Que faites-vous de toutes vos vierges noires ? Et, puisque vous avez un si beau zèle d'épuration, que faites-vous encore d'un saint Constantin, d'un saint Charlemagne et de tant d'autres, qui n'ont de saint que les services qu'ils vous ont rendus ? Services absolument temporels, du reste. Vous me direz peut-être que saint Foutin, que je cite à votre passif, est une superstition populaire : il y en a beaucoup d'autres comme cela, mais vous les tolérez, vous vous en rendez complices. Est-ce que sainte Procule n'est pas aussi une réédition de sainte Catherine d'Alexandrie ? Toujours la même histoire : demande en mariage par un grand de la terre, refus pour cause de vœu de virginité, tête tranchée. C'est le programme invariable. Quelquefois, on y ajoute un autre tableau : le décapité prend sa tête dans ses mains, et se promène ainsi ; exemple : saint Denis, saint Eutrope, sainte Procule, etc.

Eh bien, cette sainte Procule, que vous savez très bien n'avoir jamais existé, elle est la patronne d'une ville de France ; tous les ans, le clergé célèbre sa fête avec processions à l'appui et rubans de sainte Procule.

Pourquoi alors vous acharner contre sainte Philomène, quand vous laissez subsister tant de superstitions.

Le Pape a essayé de faire enlever les statues de sainte Philomène de quelques-uns de ses sanctuaires en Italie, mais il n'a pas réussi : les populations se sont soulevées; elles ont défendu leur sainte bien-aimée et ont fait des violences et du désordre, absolument comme en France, vos partisans et vos salariés en ont fait pour les inventaires.

Le Pape n'a pas insisté ; il a fait une retraite en bon ordre, en donnant un prétexte comme les gens d'Eglise savent toujours en trouver.

Examinons un peu, maintenant, leur moyen d'attaque. D'abord, il n'est pas du tout prouvé qu'il y ait jamais eu une coutume de violer ainsi les sépultures. Comment ! les chrétiens avaient un tel respect pour les restes de leurs martyrs, qu'ils s'exposaient à des dangers sérieux pour s'en emparer et leur donner une sépulture convenable, avec commémoration de leur victoire contre la souffrance et la mort, et tout ça pour dévaliser leurs tombes au profit d'un nouvel arrivant ! Puis, que faisaient-ils alors du corps du premier occupant ? Ils le jetaient au rebut, dans quelque coin ? (1)

En outre, si réellement le corps de la personne qui avait été enterrée sous le nom de Philomène avait été enlevé pour faire place à un nouveau corps, cela prouverait tout au plus que le petit squelette de 1802 n'était pas celui de sainte Philomène; mais cela prouverait en même temps qu'il y avait bien eu une sainte Philomène antérieurement. Autrement, que signifieraient l'inscription et les emblèmes qu'après tout on a trouvés sur les briques, qui, par conséquent, ont bien été peints et doivent s'appliquer à une martyre du nom de Lumena ou de Filumena.

(1) On pourrait m'opposer les travaux de M. Marucchi, publiés en 1904 dans une revue ecclésiastique. On pourrait admettre aussi que toutes les sépultures des catacombes ne soient pas chrétiennes; c'est peu probable, mais enfin nous n'en savons rien.

Mais encore une fois, qu'est-ce que cela prouverait ? que les ossements de 1802 ne sont pas de sainte Philomène ? je le crois aussi, pour d'autres raisons; mais cela nous importe peu : il y a une inscription qui mentionne une Filumena ou une Lumena; il a donc existé une Filumena ou une Lumena, c'est tout ce que nous avons besoin de savoir, Lumena ne répond à rien ; on doit donc l'éliminer et s'en tenir au dérangement des briques pour lire Filumena. Tout ce que les travaux archéologiques peuvent prouver, c'est qu'on débite des fausses reliques ; cela nous est bien égal.

Le moyen employé n'est donc pas adroit.

Mais je vais bientôt vous montrer que tout cela nous est parfaitement égal. Qu'il y ait eu ou non une Philomène ayant vécu sur terre, cela n'a pas plus d'importance que de savoir si l'ange qui a guidé Tobie s'appelait Raphaël ou Azarias ou de n'importe quel autre nom.

Tout le monde sait que les erreurs commises sur les reliques n'ont jamais empêché les miracles de se produire. Le morceau de pierre ponce qu'on exposait à la vénération des fidèles comme étant le cerveau de saint Pierre, *miraculisait* tout aussi bien que n'importe quelle autre relique.

Du reste qui peut prouver, aujourd'hui, qu'il y ait une seule relique authentique? Le clergé lui-même n'y croit pas, et s'amuse beaucoup des saints à trois têtes, à six bras ou à cinq jambes.

En résumé, au point de vue purement humain, il est impossible de savoir ce qu'a été sainte Philomène. Le squelette et les inscriptions qu'on a trouvées sur les briques prouvent suffisamment qu'à une époque très incertaine, il a existé une Philomène, vierge et martyre, et c'est tout. Pour moi, j'ai des raisons sérieuses de croire qu'elle a été une petie fille de treize ans, martyrisée sous Dioclétien ? elle était une princesse grecque, ayant confessé sa foi chrétienne. A-t-elle été recherchée en mariage par Dioclétien ? C'est possible, mais cela importe peu. Il est bien évident qu'il y a une grande disproportion entre ce qu'elle a été et ce qu'elle est aujourd'hui.

Sainte Philomène actuelle. — Voyons maintenant ce que j'ai appelé la Puissance invisible, c'est-à-dire l'histoire mystique de sainte Philomène.

Ici, je suis obligé de parler de moi, et j'éprouve le besoin, avant de commencer, de rappeler l'exclamation de Jésus (Matth., XI, 25 et 26) :

« Ἐξομολογοῦμαί σοι, πάτερ, κύριε τοῦ οὐρανοῦ καὶ τῆς γῆς, ὅτι ἀπέκρυψας ταῦτα ἀπὸ σοφῶν καὶ συνετῶν, καὶ ἀπεκάλυψας αὐτὰ νηπίοις. Ναί, ὁ πατήρ, ὅτι οὕτως ἐγένετο εὐδοκία ἔμπροσθέν σου. »

Si Dieu a caché ses révélations aux sages et aux prudents, pour les donner aux νηπίοις, je peux parler de celles que j'ai reçues, sans paraître me glorifier à vos yeux. Je suis un νήπιος, ce que nous traduirions en langage familier par le mot *gosse*.

Dans tout ce que je vais vous raconter me concernant, vous devez voir la bonté de Dieu, se manifestant en chacun de nous d'une manière différente, suivant sa réceptivité propre ; mais je serais désolé que vous puissiez y trouver le signe d'une préférence quelconque : Dieu nous aime tous également, et je ne suis pas plus que chacun de vous.

Quand vous avez besoin de pain, pous préférez votre boulanger à votre boucher, et réciproquement. De même, quand Dieu a besoin de nous faire des révélations d'une certaine précision, il choisit de préférence quelqu'un à qui son organisme physique permet de voir et de comprendre l'invisible. Il n'y a là aucun privilège ; je vous l'ai dit souvent, cette propriété dépend uniquement de l'hérédité, sauf quelques cas où l'on a fait des manœuvres magiques pour développer une voyance artificielle, qui alors ne présente aucune garantie, et que je réprouve.

Ma grand'mère maternelle, ma mère, quelques autres parents aussi, avaient des visions et ont fait des prédictions. Ma mère a prédit l'époque de sa mort et le lieu où elle serait enterrée, plusieurs années à l'avance. L'hérédité s'est transmise jusqu'à ma fille, qui a aussi annoncé sa mort prochaine, alors qu'elle était en pleine santé ; j'ai raconté cela dans l'*Echo du Merveilleux*, comme étant arrivé à M. X...

Dès mon enfance, j'ai senti la présence de **Dieu** ; je l'ai aimé et j'ai aspiré à lui. J'ai senti toute ma vie le besoin d'aimer et d'être aimé, mais j'ai perdu ma mère à l'âge de deux ans et demi, et je n'ai jamais connu les caresses des parents, ces caresses qui font tant de bien aux enfants. En parlant ainsi, je n'ai aucune arrière-pensée de blâme ou de récrimination : mes parents ont rempli leur devoir vis-à-vis de moi ; ce n'est pas leur faute s'ils ont été de véritables pions pour moi.

Mais quelqu'un m'a donné des consolations, m'a cajolé et a empêché mon cœur de se dessécher. Je voyais quelquefois, trop rarement à mon gré, une jeune personne fort belle, qui me prenait par la main, en me souriant ; quelquefois, elle s'asseyait auprès de moi, me prenait sur ses genoux, me berçait, et j'étais heureux. Je ne savais pas qui elle était, et je ne m'en préoccupais pas. Ce n'est que bien plus tard que j'ai su que cette protectrice était sainte Philomène.

Voilà pourquoi, quand on me demande s'il y a longtemps que je connais sainte Philomène, je suis obligé de répondre : officiellement, je la connais depuis une douzaine d'années ; en réalité, je l'ai toujours connue.

A partir du moment où elle m'a eu attiré dans son sanctuaire, les miracles, ou du moins ce qu'on appelle de ce nom, se sont succédé sans interruption. Ce sanctuaire est devenu un centre de forces d'une grande puissance. Il y a eu un grand nombre de guérisons, dont beaucoup dans des cas désespérés. Sainte Philomène a puissamment aidé la plupart de mes élèves, tout aussi bien pour des intérêts temporels que pour des besoins spirituels. J'ai raconté dans l'*Initiation* et dans l'*Echo du Merveilleux* quelques épisodes instructifs à cet égard.

Malheureusement, les cas les plus typiques et les plus intéressants concernent des personnes qui ne m'ont pas autorisé à les publier ; je suis obligé de rester dans les généralités.

Je me contenterai donc de vous dire : parmi mes auditeurs, il y en a qui me connaissent depuis longtemps ; ce sont mes élèves et mes amis ; il n'y en a pas un qui n'ait reçu quelque faveur, spirituelle ou temporelle, de sainte Philomène ; il n'y en a pas un qui n'ait eu des preuves de la vérité de tout ce que je vous enseigne. Leur témoignage sera certainement préférable à tout ce que je pourrais vous raconter : interrogez-vous donc les uns les autres, et vous pourrez vous faire une conviction

Le 13 avril 1900, sainte Philomène s'est déclarée patronne des Occultistes chrétiens, et a fondé une Fraternité invisible. Sur son ordre, j'ai fait une conférence à ce sujet aux sociétés savantes, le 25 mai suivant.

Cette Fraternité n'est pas une société secrète ; elle n'a pas de statuts ; elle ne comporte aucun serment. C'est une société dont le siège est dans l'invisible, et dans laquelle sainte Philomène choisit elle-même les membres. Ceux qui ont toute confiance en elle ont beaucoup de chances pour y être admis.

Le but de cette Fraternité est de constituer la partie humaine d'un *Egrégore* dont sainte Philomène est l'âme. Je vous dirai dans un instant ce que c'est qu'un Egrégore. Pour atteindre ce but, deux ou trois membres suffiraient à la rigueur ; mais de 1900 à 1903 il a été créé un noyau qui forme une excellente base d'opérations. Depuis 1903 jusqu'à aujourd'hui, les membres se sont continuellement accrus, et, depuis quelque temps, nous disposons d'une force considérable, et nous en avions besoin.

Nous allons maintenant étudier la situation des membres de cette Fraternité, le but que sainte Philomène s'est proposé, les moyens qu'elle a employés et les résultats qu'elle a obtenus.

Ici, nous sommes en pleine Haute Magie. Rappelez-vous ce que je vous ai dit au début de ces leçons : la Magie consiste en une alliance des hommes avec les Esprits invisibles, pour produire des œuvres, bonnes ou mauvaises, qui sont au-dessus des forces humaines.

Quand l'homme appelle à son aide de mauvais Esprits, pour obtenir des avantages par n'importe quels moyens, généralement au détriment de quelqu'un, il fait de la Magie Noire.

Quand il met dans son jeu des esprits qui ne sont pas mauvais, mais qui appartiennent à des plans inférieurs au plan céleste, pour faire des œuvres généralement bonnes, il fait de la Magie Blanche.

De la Magie Noire, je n'ai rien à vous dire. Il est clair qu'elle n'a rien à voir avec les honnêtes gens. Mais la Magie Blanche est bien plus séduisante ; elle ne sert qu'à faire du bien, ou du moins à réaliser de bonnes intentions. C'est vrai, mais elle sert aussi à commettre des imprudences. Je vous en montrerai bientôt les dangers et vous comprendrez combien elle est une duperie, quand il serait si facile d'agir à coup sûr en faisant de la Haute Magie. Et ici, il ne faut pas me parler de difficultés. Celui qui n'est pas capable de faire de la Haute Magie ne réussira pas non plus à faire de la Magie Blanche.

Enfin, quand un homme fait appel aux Esprits du plan

céleste et qu'il est agréé par eux comme agent terrestre, il fait de la Haute Magie.

Généralement, ce n'est pas l'homme qui appelle les Esprits, mais ce sont les Esprits qui appellent l'homme. Le premier cas est possible, mais très rare. En tout cas, l'homme ne commande jamais : les Esprits célestes accordent mais n'obéissent pas ; ils n'obéissent qu'à Dieu.

Quand une puissance invisible veut agir sur la terre, elle suscite un ou des hommes pour lui servir de base d'opérations. Je dis une puissance invisible, pour généraliser, car on en trouve dans tous les plans invisibles. L'homme choisi fournit la force éthérique et exécute les ordres que les Esprits lui donnent. Les hommes qui sont adjoints fournissent de la force éthérique seulement. Quelquefois, ils sont aussi employés pour quelques démarches sur le plan physique, mais rarement, parce que il est déjà difficile de trouver un homme dont le dévouement et l'abnégation soient complets ; il est bien plus difficile d'en trouver plusieurs. En retour de la force éthérique qu'ils fournissent, les membres de la Fraternité reçoivent quelques avantages qui varient avec le genre d'Esprits auxquels ils obéissent.

Pour ce qui concerne la Fraternité de sainte Philomène, la seule dont je veuille m'occuper aujourd'hui, les membres reçoivent une protection puissante, qui leur est très utile dans ce monde, mais qui leur sera bien plus utile encore dans l'autre.

Pour être membre de cette Fraternité, il ne suffit pas de se proposer et de prier sainte Philomène ; tout cela peut être très utile à celui qui le fait, mais ne suffit pas à déterminer son admission. Ce qui constitue le fait primordial, indispensable, c'est le don complet de soi-même, le désir *sincère* de faire la volonté de Dieu et de lui subordonner ses propres intérêts. On met la main à la charrue ou on ne la met pas; mais, si on la met, il ne faut plus regarder en arrière.

Du reste,. c'est une condition générale, qui se retrouve partout : ce qui fait qu'il y a tant d'insuccès et tant de duperies dans les tentatives d'opérations magiques, c'est qu'on ne se donne pas entièrement à la puissance qu'on a choisie pour guide; on n'y pense même pas; la plupart du temps même, on ne pense pas à se choisir un guide. On va à tort et à travers , pensant qu'on va pouvoir commander à des Esprits qu'on ne connaît même pas, dont on ne soupçonne ni les noms ni les espèces ni le nombre, comme si on allait les yeux fermés au milieu d'une foule disparate et qu'on prétende lui commander.

C'est même là le danger principal de la Magie ; c'est cette obligation de se donner entièrement, sans arrière-pensée, à une puissance qui, quelque bonne qu'elle soit, est pourtant imparfaite. Lier son sort à celui d'un autre être, variété de *nagualisme* après tout, c'est se ménager bien des regrets, des regrets cuisants, pour un avenir plus ou moins éloigné.

Il n'en est pas de même quand il s'agit d'une puissance céleste : se donner à une puissance céleste, c'est se donner à Dieu. Non seulement on n'en a jamais de regrets, mais on s'en félicite chaque jour, et on y trouve un bonheur qu'il est impossible de trouver autrement.

Maintenant, il faut bien dire que les membres de la Fraternité seraient assez difficiles à trouver, s'ils devaient remplir rigoureusement ce programme. Il suffit qu'ils mettent toute leur confiance en sainte Philomène ; qu'il comptent sur elle et ne comptent que sur elle.

Mais il faut bien comprendre la valeur des mots : avoir confiance en sainte Philomène et ne compter que sur elle n'exclut pas Dieu, Jésus et la sainte Vierge de vos prières. Je vous l'ai déjà dit, prier sainte Philomène, c'est prier Dieu. Sainte Philomène, accordez-moi telle chose veut dire : sainte Philomène, utilisez une partie des pouvoirs que Dieu ne cesse de vous donner pour me faire avoir telle chose. Jésus-Christ, c'est encore Dieu ; c'est le Verbe, c'est Dieu ayant pour ainsi dire matérialisé sa bonté, son amour pour nous, afin de nous familiariser avec lui et nous prouver que nous pouvons compter sur lui. La sainte Vierge est la dispensatrice des œuvres divines de miséricorde et de bonté : tout ce que Dieu nous accorde passe par ses mains. C'est d'elle, après tout, que sainte Philomène reçoit toute la puissance que Dieu lui donne.

Mais, quand vous avez prié sainte Philomène, n'allez pas prier tous les saints du paradis, et surtout, n'allez pas acheter ou constuire des talismans, sous prétexte de mieux assurer votre réussite. Ce serait faire preuve d'une confiance bien chancelante en sainte Philomène. Le meilleur de tous les talismans pour assurer vos succès, c'est votre amour pour la puissance que vous invoquez et votre confiance en elle. Ne méprisez pas les autres puissances célestes ; soyez, au contraire, pleins de respect pour elles ; estimez-les, aimez-les même, mais ne comptez que sur celle que vous vous êtes choisie pour protectrice, non pas qu'il y ait à craindre de la jalousie, ce sentiment n'existe pas dans le plan céleste ; mais vous devez concentrer vos efforts, il n'est pas bon de s'éparpiller.

Pour ce qui concerne sainte Philomène elle-même, quel but s'est-elle proposé ? Ele a accepté une mission très importante, que je vais vous expliquer. Mais auparavant, il faut que je vous montre tout ce qui a été fait avant elle, pour que vous compreniez mieux ce qu'elle est venue faire.

Epopée des dieux. — Dieu, je vous l'ai déjà dit, veut que nous venions tous à lui, et que nous soyons éternellement heureux auprès de lui. Pour cela, il emploie successivement tous les moyens qui peuvent s'adapter aux époques et aux lieux, pour éclairer les hommes et combattre l'Adversaire qui cherche à les éloigner de lui. S'il est vrai que Dieu est tout-puissant, et qu'il pourrait anéantir instantanément toute résistance, il n'est pas moins vrai qu'il veut que chacun agisse librement. S'il en était autrement, la Création ne serait qu'une vaste absurdité. Réfléchissez-y, et vous verrez que la Liberté est la seule base rationnelle de la création, et que son corollaire est la *Lutte.* La vie est un combat, mais je n'entends pas par là que ce soit une lutte éternelle : « Le royaume des cieux souffre violence, les violents s'en empareront. » Mais quand ils s'en seront emparés, la lutte sera terminée : elle n'aura plus de raison d'être alors.

Ce que je vous dis là est tellement important, que je ne crains pas de m'y arrêter un instant. Il s'agit, en effet, de déraciner une vieille erreur, qui date de bien loin, mais qui dure encore : il s'agit de substituer l'idée de *lutte* à l'idée de *souffrance.*

Il arrive souvent qu'on prend l'effet pour la cause, et, quand une fois une erreur s'est perpétuée de siècle en siècle, on l'accepte sans discussion, sans examen même, comme une chose qui va de soi. Combien d'erreurs sont devenues sacro-saintes ! Personne n'ose plus y toucher ; heureusement que sainte Philomène est venue détruire tout cela.

Quand on combat, on peut recevoir des coups, cela est évident ; on peut même dire qu'on en recevra certainement. Les coups ne sont jamais agréables à recevoir ; ils engendrent la souffrance. Donc, la lutte est une source de souffrances, et il est évident que, ne pouvant pas évoluer sans lutter, il en résulte qu'on ne peut pas évoluer sans souffrir.

Alors, là-dessus, on a été établir tout un système de vertus en soi que possède la souffrance, et qui a fait et fait encore aujourd'hui bien du mal aux hommes.

Rétablissons donc les choses comme elles doivent être : nous sommes sur la terre pour évoluer, ce qui veut dire que nous devons lutter contre toutes les puissances qui s'opposent à notre marche vers le royaume des cieux. Nous n'avons nul besoin de désirer ces luttes, mais nous devons les accepter, sous peine de rester en place, et même de reculer ; en les acceptant, nous devons aussi en accepter les conséquences, c'est-à-dire les souffrances résultant des coups que nous recevrons immanquablement.

Il est donc faux de dire que, pour évoluer, il soit nécessaire de souffrir ; que, plus nous souffrirons, plus vite nous arriverons au but. Il y a des souffrances bien stériles ; il y en a même de bien nuisibles. A quoi voulez-vous que cela me serve de porter un cilice, de me donner la discipline, de manger des aliments malpropres et malsains, de me refuser toute joie, toute satisfaction ? C'est se faire une piètre idée de la bonté de Dieu que de supposer que toutes ces sottises lui soient agréables. Si je m'inflige une souffrance quelconque, et qu'ensuite je ne puisse pas la supporter et que j'emplisse les airs de mes gémissements, comme je l'ai vu faire à quelques emballés, croyez-vous que je n'ai pas reculé au lieu d'avancer ? Toute lâcheté est un recul ; la souffrance est une occasion de lâcheté ; il faut donc la subir, mais non la chercher : « Et ne nous induisez pas en tentation. »

En résumé, je ne dois jamais déserter la lutte ; si je peux combattre sans recevoir de coups, tant mieux pour moi ; ce n'est pas la gloire que je recherche, c'est le succès. Mais, si je reçois des coups, tant pis pour moi, je dois continuer la lutte tout de même : c'est le succès qu'il me faut, le succès à tout prix.

Il ne faut donc pas considérer la souffrance comme un moyen ; c'est la lutte qui est un moyen ; la souffrance n'est que l'obstacle qu'il faut vaincre.

Que dire alors de la souffrance pédagogique ? C'est vrai, la souffrance trempe le caractère , développe les forces et le courage ; elle arme pour la lutte. Oui , mais à une condition, c'est qu'on lui résiste vaillamment, qu'on ne se laisse pas vaincre par elle. Eh bien, vous n'avez pas besoin de vous inquiéter : les occasions ne vous manqueront pas ; la vie en est remplie, et il est bien inutile de les rechercher, au risque de vous affaiblir dans une lutte sans nécessité, et d'être privé de vos moyens quand la véritable lutte s'offrira à vous ; il sera temps alors de vous raidir et de braver la douleur.

Dieu ne demande que notre bonheur, et nous offre les moyens de nous le procurer, tant pis pour nous si nous n'en profitons pas.

Après ce qu'on est convenu d'appeler la *Faute*, les hommes sont tombés au pouvoir des puissances qui les y avaient entraînés ; ils sont devenus esclaves du péché, comme on dit dans le langage théologique, langage qui exprime une vérité. De chute en chute, ils sont tombés dans un état de barbarie et d'abrutissement dont vous ne pouvez pas vous faire une idée.

C'est alors que s'est déroulé le drame dont le VIe chapitre de la Genèse ne vous donne qu'un pâle reflet : « Les Beni-Elohim, voyant que les filles des hommes étaient belles, prirent leurs femmes entre toutes celles qu'ils avaient choisies... Or il y avait des géants sur la terre en ces jours-là. Car, après que les Beni-Elohim se furent approchés des filles des hommes, celles-ci enfantèrent, et de là sont venus ces hommes puissants, fameux dès les temps anciens.

Les Gréco-Romains, dont le génie est plus près de la nature que le génie oriental, voient une succession d'épisodes là où les Orientaux ont vu un épisode unique, comme toujours. Rappelez-vous ce que je vous ai dit du symbolisme, qui place en un lieu déterminé et en un temps déterminé un drame unique pour représenter un phénomène continu. Les Gréco-Romains nous racontent tout un tissu d'aventures de dieux en goguette, qui épousent ou séduisent ou enlèvent et violentent même, au besoin, des femmes et des filles de la terre.

De ce simple rapprochement, vous devinez ce que je vais vous dire. Aujourd'hui, nous en avons fini avec les symbolismes. Les hommes ne sont plus en tutelle et peuvent regarder virilement les vérités toutes nues, du moins un grand nombre d'entre elles, car il y en a et il y en aura toujours dont la nudité éblouit et donne le vertige ; mais, à mesure que nous avançons dans le progrès, le nombre de ces dernières va toujours en diminuant. Nous allons donc parler le langage clair de la science.

Vous vous rappelez ce que je vous ai dit des dieux, qui sont tous d'origine céleste, depuis les plus grands jusqu'aux plus petits. Un certain nombre ont quitté le plan céleste et sont descendus dans les plans inférieurs, jusqu'à l'astro-kamique. Il y en a même qui ont vécu pendant des périodes, quelquefois assez longues, sur le plan physique, et se sont mêlés à notre vie terrestre, avec toutes ses conséquences.

Voici le moment maintenant où je vais pouvoir vous expliquer la raison d'être de ces pérégrinations, qui ont laissé des traces dans la mémoire des hommes, qui s'en sont transmis la tradition de générations en générations.

A travers toutes les légendes, tous les contes populaires, toutes les traditions, vous pourrez toujours découvrir des faits réels, certains, dont le souvenir a été transmis comme on a pu, plus ou moins exactement, mais jamais sous forme de communication scientifique.

Quelquefois, dans une famille, il naît un enfant difforme, idiot, épileptique, dément. etc. Cet enfant, qui est un objet d'horreur pour les étrangers, est choyé, soigné et aimé par sa mère, quelquefois même par la famille tout entière.

Je vous ai répété à satiété que la bonté de Dieu dépasse de beaucoup la bonté du plus aimant d'entre nous. Vous ne devez donc pas être étonnés que Dieu ait aimé ses créatures, ses enfants, malgré leur dégradation la plus dégoûtante.

Vous devez vous rappeler que, me basant sur le passage de Luc : « Et sur la terre, paix aux hommes de bonne volonté », je vous ai dit que Dieu ne nous demandait que de la bonne volonté ; d'un autre côté, Paul dit que Dieu est juste, et ne nous demande que ce que nos forces nous permettent de faire. Ces hommes dégradés dont nous parlons n'avaient pas la force de faire grand'chose de bon, mais ils pouvaient encore montrer leur bonne volonté. Les choses les plus horribles qu'ils croyaient être leur devoir représentaient quand même pour eux un idéal ; en s'efforçant d'y atteindre, ils faisaient ce que leurs forces leur permettaient de faire.

Alors, une première mission a été donnée aux dieux. Un certain nombre sont descendus jusque dans les bas-fonds du plan kamique inférieur et du plan astro-kamique, où ils ont fixé leur habitat pour longtemps. Comment voulez-vous qu'ils aient pu se faire comprendre par des brutes, et leur apporter soulagement, progrès et amélioration sans prendre eux-mêmes apparence de brutes, sans se comporter comme eux et parler leur langage, sans hurler avec les loups, selon l'expression populaire ? Les hommes ne comprennent que ceux qui pensent comme eux.

Quand cette première mission a eu préparé un terrain suffisant pour un nouveau progrès, ils ont continué à habiter parmi les retardataires, tandis qu'une seconde mission descendait jusque dans les plans inférieurs toujours, mais déjà plus élevés.

C'est ainsi que de missions en missions, les dieux sont arrivés à policer les hommes et à les mettre à même d'évoluer dans de bien meilleures conditions, et à recevoir enfin le véritable envoyé, le Messie ou Christ, sauveur et consolateur.

Vous voyez que ce n'est pas sans motif que je vous ai dit que les dieux avaient rendu d'immenses services à l'humanité, et que, au lieu de les bafouer et de les réprouver comme des démons, nous devrions comprendre que nous leur devons une grande reconnaissance. Mais nous serions trop heureux si le Monde allait comme il doit aller.

Les Théologiens ne veulent pas comprendre que le mal est relatif. Ils transportent dans les temps anciens leurs conceptions actuelles sur le bien et le mal, et les meilleures choses, qui ont causé les progrès successifs de l'humanité, sont jugées par eux d'après leurs conceptions actuelles, et condamnées comme mauvaises. Or, d'après eux, ces choses mauvaises ont été encouragées par les dieux ; et, comme le mal ne peu provenir que du diable, il s'ensuit fatalement que les dieux étaient des diables qui réussissaient à se faire adorer par les hommes.

A diverses époques, Dieu a suscité, soit des invisibles, soit des hommes supérieurs pour leur temps, qui, parlant et agissant selon les conceptions des milieux dans lesquels ils opéraient, ont fait faire de nouveaux progrès aux hommes.

La Bible nous raconte les faits et gestes des hommes selon Dieu, qui sont pleins de crimes et de rapines. Jacob vole les brebis de Laban, par des manœuvres frauduleuses. Il avait déjà volé, avec la complicité de sa mère Rébecca, la bénédiction qu'Isaac destinait à Esau pour lui confirmer son droit d'aînesse. Deux de ses fils, Siméon et Lévi, assassinent lâchement le roi de Salem, Hémor, son fils Sichem et leurs sujets, qui avaient consenti à se faire circoncire pour épouser Dina, sa fille. Il est vrai que Jacob les blâme, mais c'est parce qu'il craint les représailles. Abraham, le père Abraham, le saint entre les saints, n'avait pas craint de prostituer sa femme par peur d'être molesté. Il s'était déjà conduit d'une manière indigne avec Agar et son fils Ismaël. Lot, le juste, le seul qui avait mérité d'échapper à la destruction de Sodome, est enivré par ses filles et cède à leurs avances. David, le saint roi David, fait assassiner Urie, l'un de ses généraux, pour lui prendre sa femme Bathsebah. Le Seigneur le blâme, mais ce fut de cette même Bathsebah que naquit le grand roi Salomon, le sage, qui eut un harem comme pas un sultan n'en a jamais possédé, etc., etc. A chaque page, on ne voit que fourberies, vols, rapines, assassinats.

A la place de tous ces forbans, mettez des membres de l'Académie des Inscriptions et Belles-Lettres ou des prix Monthyon; vous verrez quelle influence ils pourront exercer sur les brutes de ces temps lointains.

Enfin, grâce à ces chenapans, l'humanité a fait des progrès, et en est arrivée à la longue à des conceptions acceptables du bien et du mal.

Vous pouvez comprendre maintenant ce que je vous ai dit, il y a quelque temps, sur le plan kamique. Vous voyez que les manifestations du plan kamique inférieur ne sont pas aussi mauvaises qu'on pourrait le croire ; vous voyez qu'elles ont même été très utiles.

Ce qui entrave toujours nos efforts moralisateurs, c'est que nous nous figurons pouvoir obtenir en un jour des résultats qui nous ont coûté des siècles de travaux et d'efforts persévérants. Quand nous nous trouvons en présence d'un esprit primitif, nous voulons le moraliser, l'élever à notre niveau et lui apprendre ce que nous savons. Cela est impossible : un civilisé ne se fabrique pas en un jour. Nous sommes incapables de nous contenter d'un progrès que nous trouvons minuscule, qui pourtant est énorme pour celui qui l'a fait. Seulement, nous ne pouvons pas avoir la patience nécessaire, parce que notre vie est trop courte, et nous voulons jouir des résultats, récolter ce que nous avons semé. Mais persuadez-vous bien de ceci : un homme tue pour voler ; si je parviens à le convaincre qu'il peut voler sans tuer, si, à la suite de mes efforts, cet homme continue à voler et à piller, mais évite de tuer , je lui ai fait faire un grand progrès. Plus tard, quand la tendance à tuer n'existera plus, quand il aura horreur de verser le sang, tout en continuant à trouver très légitime de dépouiller les autres à son profit, je continuerai à le moraliser; et, qui sait? je parviendrai peut-être à faire de lui un filou au lieu d'un voleur. C'est encore un progrès.

Je sais bien que vous me direz qu'un honnête homme, un homme qui veut garder sa dignité de civilisé, ne peut pas se commetre avec de pareilles gens et donner de tels enseignements.

C'est bien là ce qui va vous faire comprendre le sacrifice qu'ont accepté les dieux, le sacrifice et le tour de force qu'a accomplis Jésus-Christ.

Je ne parlerai que de Jésus-Christ ; ce que je vais en dire vous fera comprendre le sacrifice des dieux.

1° Le sacrifice. Quand l'humanité a été suffisamment préparée par les dieux, ou les Elohim, si vous préférez, le Verbe a pris un corps physique dans le sein d'une vierge. Cette Vierge était la Vierge céleste, c'est vrai, mais le corps physique de cette Vierge était bien un corps humain, provenant d'un père et d'une mère complètement humains.

En prenant ce corps physique, il en subissait toutes les conséquences, toutes les imperfections. Surtout, il était obligé de se soumettre à une mentalité pareille à celle des hommes dont il devenait le contemporain.

Certes, les hommes avaient fait bien des progrès à ce moment; leur moralité était déjà bien avancée. Mais quelle déchéance : de la perfection, tomber dans l'imparfait, de l'absolu dans le relatif ! Dans un relatif qui, pour nous, qui avons encore progressé depuis, contient bien des choses immorales.

Cependant le Verbe est obligé, pour remplir sa mission, de se mettre lui-même à ce niveau. Il ne veut pas le laisser ignorer, et, dans un cri de dégoût, il dit aux hommes qui l'entourent : « Ὑμεῖς ἐστε οἱ δικαιοῦντες ἑαυτοὺς ἐνώπιον τῶν ἀνθρώπων, ὁ δὲ Θεὸς γινώσκει τὰς καρδίας ὑμῶν· ὅτι τὸ ἐν ἀνθρώποις ὑψηλὸν, βδέλυγμα ἐνώπιον τοῦ Θεοῦ ἐστίν. (Luc, XVI, 15.)

— Vous êtes ceux qui se glorifient eux-mêmes (ou mieux, qui se croient justes) devant les hommes, mais Dieu connaît vos cœurs ; car, ce qui est sublime pour les hommes est une abomination (une puanteur) aux yeux de Dieu.

Il est intéressant de remarquer que cette sortie vient justement en réponse aux pharisiens, qui se moquent de lui après qu'il leur a dit la parabole de l'οἰκονόμος τῆς ἀδικίας, l'économe de l'iniquité.

Il ajoute : La loi et les prophètes jusqu'à Jean ; depuis lors, le royaume de Dieu est annoncé comme une bonne nouvelle, et chacun s'efforce d'y entrer.

Je vous ferai remarquer, en passant, que le royaume de Dieu représente surtout le gouvernement direct de Dieu sur nos cœurs. C'est comme une transmission de pouvoir. Jusqu'alors, nous ne pouvions nous élever que jusqu'aux dieux ; dorénavant, c'est Dieu lui-même que nous pouvons connaître. L'ancienne alliance subsiste pour ceux qui ne veulent pas reconnaître le Christ pour le véritable Messie envoyé de Dieu ; pour ceux qui, au contraire, ont compris Jésus et le suivent, ils sont régis par la nouvelle alliance, καινὴ διαθήκη. Pour les premiers, pas un iota de la loi ne doit tomber ; pour les autres, la loi est périmée, comme le dira bientôt Paul.

Donc, Jésus est obligé, du fait de son incarnation, de vivre dans le βδέλυγμα des hommes de son temps, abomination que ces hommes croient être la justice. Voilà la partie du sacrifice du Verbe qui se rapporte à notre sujet Vous voyez que les dieux, descendant dans les bas-fonds du plan kamique inférieur, ont aussi fait un sacrifice.

Si vous voulez vous en faire une idée d'une approximation lointaine, représentez-vous le *vir bonus* d'aujourd'hui, obligé de vivre quelque temps au milieu des peuplades les plus barbares du centre de l'Afrique et de partager leur vie, leurs conceptions, leurs aspirations, leurs joies et leurs peines.

2° Le tour de force. Le Verbe étant devenu Jésus se trouvait au milieu d'hommes d'une moralité et d'une mentalité très avancées, mais forcément inférieures à celles des générations futures. La moralité et la mentalité des hommes, quelque avancés qu'ils soient, seront toujours inférieures à la moralité et à la mentalité absolues. Les dieux pouvaient en tenir compte et se mettre à la hauteur de leurs contemporains. Pour cela, il n'y avait qu'à prendre un corps kamique dans la partie de ce plan où se trouvaient les corps kamiques des hommes les plus élevés de ce temps, puis à se livrer aux inspirations, ou plutôt aux incitations, aux entraînements de ce corps.

Je ferai remarquer en passant qu'on a dit que les hommes avaient fait les dieux à leur image. Cela a une apparence de vérité, en raison de ce que je viens de dire. De tout temps, les dieux ont pensé et senti comme leurs contemporains humains ; à mesure que les hommes progressent dans la civilisation, les sciences, la morale, à mesure que leur idéal s'élève, les dieux s'épurent et deviennent de plus en plus majestueux. On en a conclu que les dieux n'étaient que le produit de l'imagination des hommes, qui les concevaient toujours d'après un idéal de plus en plus élevé.

C'est justement le contraire qui est vrai : les dieux ont instruit et moralisé les hommes, et, pour y réussir, se sont toujours maintenus à un niveau un peu plus élevé, mais assez proche pour pouvoir être compris.

Pour Jésus, la situation n'était pas la même, il était Dieu et le proclamait. Son enseignement ne devait donc être jamais en contradiction avec l'Absolu ; bien mieux, dans ses traits principaux, il devait être l'Absolu lui-même. Car Jésus a été le vrai Messie, le seul, celui après lequel il ne doit plus jamais y en avoir. Il fallait donc qu'il parle pour les générations futures en même temps que pour la sienne ; il fallait qu'il puisse être compris par les hommes de son temps, et que, pourtant, ses paroles soient vraies dans tous les temps, jusqu'à la fin du monde . Il l'a dit, du reste : Le Ciel et la Terre passeront, mais mes paroles ne passeront pas.

Tout cela est parfaitement réalisé : vous pouvez lire les Evangiles, les étudier, les éplucher ; vous n'y trouverez rien qui détonne, rien qui s'applique à l'époque et ne s'applique plus aujourd'hui. Tout ce que Jésus a dit, il y a près de 1900 ans, il pourrait le dire aujourd'hui. Les termes seraient changés, les paraboles auraient une autre forme ; les idées seraient identiques. Ceux qui suivent mes leçons du dimanche peuvent même s'apercevoir de la facilité avec laquelle on trouve dans ces livres si anciens des allusions frappantes à ce qui se passe aujourd'hui.

C'est même là une des considérations qui nous induisent à reconnaître l'inspiration divine dans ces écrits. Quel homme purement humain aurait pu prévoir tous les cas et en parler de façon à ce que, deux mille ans plus tard, on puisse s'y reconnaître comme si l'écrit était récent ?

Voilà le point le plus élevé de l'intervention divine en notre faveur. On pourrait croire que maintenant il n'y ait plus rien à ajouter, que tout doive marcher à souhait. Ce serait bien mal connaître les hommes. La première chose qu'ils ont faite , après avoir été témoins du plus grand miracle que Dieu ait jamais fait en notre faveur, la première chose a été de s'organiser en une société oppressive, et de détruire de fond en comble l'œuvre si péniblement élaborée par Jésus, de la détruire sous couleur de la répandre. Ils ont confisqué à leur profit tout ce que Jésus nous a donné, et ils nous le vendent en détail, morceau par morceau.

Je vous ai raconté dans une leçon précédente, comment l'empire romain, croyant s'emparer de l'administration ecclésiastique, qui était alors très fortement organisée et très puissante, a été absorbé par elle. L'épiscopat chrétien s'est emparé peu à peu de tout le pouvoir et a fini par devenir plus puissant que les empereurs et les rois.

C'est ainsi que s'est formé le formidable Egrégore *Episcopo-impérial* que nous combattons encore aujourd'hui, qui est enfin condamné et qui va disparaître.

Dieu ne s'est pas lassé pour cela ; il nous a d'abord envoyé sa mère, la Vierge Céleste, qui s'est établie solidement parmi nous, en mission permanente, et qui nous restera jusqu'à la fin des temps. Elle nous protège et nous console pendant notre vie terrestre ; elle nous reçoit et nous dirige dans l'invisible, et, quand nous avons confiance en elle, elle prend soin de nous après notre mort.

Mais ce n'est pas d'elle que je veux parler aujourd'hui ; je le ferai un autre jour.

Dieu nous a ensuite envoyé des prophètes, qui ont été persécutés, tués et martyrisés, mais ils ont pu tout de même produire des résultats durables.

Enfin, aujourd'hui, il nous envoie un secours nouveau, qui paraît devoir, enfin, nous délivrer de nos oppresseurs. Cela n'empêche pas que, dans la suite des temps, nous recevrons de nouveaux secours, car la bonté de Dieu est inlassable.

Voilà maintenant le moment de vous expliquer la mission de sainte Philomène.

L'*Egrégore épiscopo-impérial* n'a jamais eu d'autre préoccupation que de dominer le monde. Je parlais, il y a un instant de la boutique pseudo-chrétienne dans laquelle on nous vend en détail ce que Jésus nous a donné gratuitement ; cela est exact, mais ne doit pas être interprété comme une entreprise financière. Le clergé nous vend le royaume en détail, pour de l'argent, mais surtout pour de la *soumission*. Le but unique de toutes ses manœvres, je le répète, c'est la *domination*, et l'argent est indispensable pour cela. Ils sont très serrés pour les sorties, et très avides pour les entrées ; mais ils savent faire marcher les gros bataillons quand il le faut. *Omnia serviliter pro dominatione.*

Les Congrégations sont bien le type de l'organisation générale de la hiérarchie qui forme le corps physique de l'Egrégore : tous les êtres humains qui les composent sont pauvres et ne tiennent pas à l'argent ; ils n'en ont jamais à leur disposition, en dehors des gestions dont ils sont chargés. Aussi, le public les admire, vante leur désintéressement et est outré quand on veut lui faire comprendre qu'il est dupe ; il ne veut pas voir le revers de la médaille. En réalité , ces hommes désintéressés et pauvres le grugent, lui prennent ses héritages, etc., et il ne vient à personne l'idée de dire : J'aimerais mieux que vous soyez moins désintéressés et que vous me laissiez ma fortune.

C'est qu'en effet chaque membre de la Congrégation est un soldat, un agent, qui rapporte tout à la communauté ; ce n'est pas lui qui en profite, ce n'est même pas la communauté, car les Congrégations réalisent ce paradoxe : Les communautés sont riches, immensément riches, et pourtant elles en sont réduites à la portion congrue. Quelques-unes même ont beaucoup de peine à se soutenir. C'est que tout l'argent va à Rome, pour alimenter le *trésor de guerre*. On ne laisse à chaque communauté que le strict nécessaire. Le public écoute leurs doléances, et croit que réellement tout cet argent qu'il voit passer par leurs mains va au soulagement des pauvres ; la charité absorbe tout et au delà ; le public compatit et donne. Il ne veut pas comprendre qu'il jette son argent dans un gouffre sans fond ; plus il en donne, plus il en va à Rome, mais ni la communauté ni les œuvres de charité ne voient leur budget augmenté d'un sou.

De la charité, certes, ils en font, il le faut bien ; mais qui peut contrôler et savoir à quel tant pour cent monte la somme consacrée aux aumônes ? Grâce à ce tant pour cent, on se fait une clientèle nombreuse sur laquelle on compte pour les élections, et encore pour bien d'autres choses, et on établit ainsi une parade qui éblouit le public, qui s'en va répétant : Ah ! ils font beaucoup de bien !

Seulement, les membres du clergé régulier et séculier ont tellement abusé, ils sont tellement arrogants, que, si on en a peur, on ne les aime pas. On les hait, mais on tremble. En effet, ne sont-ils pas une force organisée et même soutenue par le gouvernement ! Ne sont-ils pas aussi les détenteurs des cartes d'entrée dans le Paradis ! Ils ont le *pouvoir des Clefs*, c'est-à-dire que ceux à qui ils n'ouvrent pas vont en Enfer brûler éternellement.

Quelques hommes sincères ont essayé de modifier cet état de choses, de faire prédominer la Religion pure et de montrer Dieu comme véritable but de tous les efforts. Ils ont été broyés.

Alors, il a fallu briser la cause de leur puissance ; on a attaqué la Religion elle-même. Décidément, on ne peut instruire les hommes qu'en abondant dans leurs erreurs : *Mundus vult decipi, ergo decipiatur !* Combien Synésius avait raison en acceptant la dignité d'évêque : « Le peuple se moquera toujours des choses faciles à comprendre ; il a besoin d'impostures. » Il est impossible de lui faire comprendre que la Religion soit une chose et la hiérarchie cléricale une autre chose ; pour lui, tout se confond, et l'on ne peut pas attaquer l'une sans que l'autre reçoive les coups. On lui montre le clergé comme un parasite de la Religion, comme un véritable danger pour la société et aussi pour la Religion ; il prétend qu'on veut détruire la Religion.

Alors, il n'y avait plus à hésiter : vous voulez absolument que les deux soient indissolublement liés, nous les détruirons tous les deux. Le clergé ne s'en relèvera pas, mais la Religion, après tout, est assez forte, elle ne risque rien ; elle se relèvera toujours.

La Religion, en effet, est indestructible ; elle a ses racines dans les profondeurs mêmes de nos cœurs. Démolissons donc les cultes et leurs exploiteurs, la Religion n'en sortira que plus belle et plus forte.

Remarquez bien que je ne prétends pas que les athées aient fait ces raisonnements, bien loin de là ; mais ils ont été faits pour eux dans l'invisible.

Donc, des hommes courageux, dont quelques-uns l'ont payé cher, ont proclamé l'athéisme et ont attaqué la Religion de toutes les façons. C'était le seul moyen. La science a dessillé bien des yeux et s'est proclamée la seule puissance. Elle seule explique tout, et les rêveries sur Dieu et la création ne sont que des cauchemars du moyen âge.

Felix qui potuit rerum cognoscere causas,
Atque metus omnes et inexorabile fatum
Subjecit pedibus, strepitumque Acherontis avari !

Eh bien, non, on ne les connaît pas encore les causes des choses, et ce sont ces causes que sainte Philomène est venue nous révéler.

En France, le gouvernement a rompu avec Rome, c'est un grand pas de fait ; on ne peut plus maintenant être troublé en voyant que le pouvoir clérical est, après tout, un pouvoir officiel. Mais la puissance de Rome est encore bien grande, et elle restera considérable tant que le malentendu ne sera pas dissipé.

Maintenant, les esprits sont suffisamment préparés; un grand jour a été jeté sur les menées politiques de la grande hiérarchie romaine, et l'athéisme n'est plus nécessaire.

Ce n'est pas Dieu qu'il faut attaquer, ce n'est pas la Religion qu'il faut détruire ; c'est la fiction catholique qui prétend qu'on ne peut se rapprocher de Dieu que par la Religion, que la Religion ne peut pas exister sans culte, et enfin que le culte ne peut être célébré que par le clergé romain, tel qu'il est. Rome a adopté la formule des Jésuites : *Sint ut sunt, aut non sint.*

Vous comprenez bien que, si le Prêtre romain est indispensable pour le culte, le culte pour la Religion et la Religion pour aller près de Dieu, le Prêtre possède un pouvoir redoutable, dont il abusera sûrement.

Sainte Philomène et l'Occultisme. — Au point de vue de l'Occulte, sainte Philomène est née le 25 mai 1802, et a pris toute sa croissance en 1830.

Il s'agit bien là, en effet, d'une véritable naissance. Avant 1802, personne n'en avait jamais entendu parler; elle était complètement inconnue. Avait-elle eu une notoriété à l'époque de son martyre? C'est possible : si elle avait été une de ces victimes obscures de l'une des persécutions, comme il y en a eu beaucoup, on n'aurait pas pris la peine de recueillir ses restes et de peindre trois briques pour conserver sa mémoire.

Mais toutes les archives des Chrétiens ayant été brûlées par Dioclétien, il n'y a rien d'étonnant à ce qu'elle n'ait laissé aucune trace dans l'histoire.

En plaçant son martyre, comme cela est probable, à l'époque de Dioclétien, nous pouvons dire qu'elle est restée inconnue pendant 1.500 ans.

En 1802, nous sommes dans une période transitoire; un nouvel ordre de choses se prépare. L'ancien régime vient de finir; la grande Révolution est interrompue, et nous sommes en pleine épopée napoléonienne.

En 1815, sainte Philomène a 13 ans, âge auquel elle avait subi le martyre autrefois. Nous sommes alors dans les grandes convulsions des Cent Jours, de Waterloo et du retour momentané de l'ancien régime, de la Réaction. Deux rois se succèdent, pendant le règne desquels le clergé est redevenu tout-puissant.

Arrive 1830; sainte Philomène a repris toutes ses forces; la royauté est définitivement culbutée. Le scepticisme règne en maître; Louis-Philippe n'est pas *roi de France, il est roi des Français*, ce qui n'est pas la même chose; le régime constitutionnel est inauguré. A partir de ce moment, il n'y a plus de roi prétendu légitime.

Alors, la lutte dans l'Invisible devient acharnée; il en résulte dans le monde visible des révolutions, des troubles, des guerres étrangères, des guerres civiles. Vous vous rappelez la seconde république, le second empire, la guerre de 1870, la Commune, puis la lutte acharnée des partis.

Je ne vous raconterai pas en détail les étapes de la lutte, toujours dans l'invisible, souvent sur le plan physique luimême.

Pendant le XIXe siècle, il y a eu de nombreuses manifestations de l'Invisible, qui sont toutes des armes à deux tranchants. En 1830, Catherine Labouré, novice chez les Sœurs de Saint-Vincent de Paul, rue du Bac, eut une série de visions très intéressantes au point de vue de l'Occulte; mais malheureusement, le récit en a été frelaté, comme il arrive si souvent des récits qui nous sont transmis par le clergé. Elle a eu plusieurs visions de la sainte Vierge ; on en a tiré des conséquences favorables pour la proclamation prochaine de l'Immaculée Conception ; on a fait frapper une médaille dite de l'Immaculée Conception, médaille très répandue, qui porte une inscription : O Marie, conçue sans péché, priez pour nous qui avons recours à vous. Cette médaille serait la reproduction d'un épisode de ses visions. C'est possible ; mais que pouvons-nous savoir quand le récit est entouré, comme il l'est, de mensonges flagrants ? Lisez, par exemple, le livre d'Aladel. L'édition postérieure à la guerre de 1870 raconte que la sainte Vierge a dit à Catherine que la France serait très éprouvée, qu'elle subirait des désastres dans une guerre, etc. Catherine lui ayant demandé quand cela arriverait, il lui fut répondu: dans 40 ans. C'était précis, 1830 et 40 font bien 1870. Oui, mais il y a un malheur : j'ai eu la curiosité de lire les éditions antérieures à 1870 : non seulement cette prédiction ne s'y trouve pas, mais il n'est même pas fait mention d'une prédiction quelconque.

En 1846, la sainte Vierge est encore apparue à la Salette, sur une montagne du Dauphiné. Seulement, il s'est passé des choses tellement bizarres, qu'il est impossible de ne pas y voir une mascarade d'une demoiselle de la Merlière, ancienne religieuse, un peu détraquée. La sainte Vierge, vêtue d'une manière grotesque, raconte des banalités à un gamin et à une gamine, petits paysans qui ne comprennent pas un mot de français. Tout d'un coup, la Sainte Vierge s'aperçoit de sa bévue, et leur dit : Ah ! oui, c'est vrai, vous ne comprenez pas le français, et elle termine sa communication en patois. Les enfants, qui ne comprennent pas le français, racontent pourtant ce que la sainte Vierge a dit dans cette langue. Mlle de la Merlière, en vraie étourdie, avait acheté les étoffes et les galons qui devaient composer son déguisement, dans le pays lui-même ; bien mieux, elle a montré son costume, quand il fut fini, à des habitants du pays, qui en ont témoigné, et cela avant l'apparition. Elle avait même dit au conducteur de la diligence qui l'avait menée dans cette localité, que l'on allait bientôt entendre parler de ce qu'elle allait faire. Depuis l'apparition, elle s'est encore montrée à diverses personnes dans son costume, disant qu'elle avait profité de sa beauté pour donner cette représentation, qui devait faire du bien à l'Église.

Enfin, il y a eu un secret que la sainte Vierge a donné à Mélanie, en lui recommandant de le garder pour elle. Ce secret a été publié par parties successivement. Il contenait des prédictions assez précises, s'appliquant à diverses époques. A mesure que les événements étaient accomplis, on publiait la partie qui se rapportait à ces événements. Après la guerre de 1870 et la Commune, qui suivit, on publia le reste de la prédiction. On y voit ces deux événements prédits avec assez de précision, puis un bafouillage incompréhensible se rapportant à ce qui devait suivre. Fourberies, toujours des fourberies ! Que croire de ce qu'ils disent ?

En 1858, arriva la fameuse apparition de Lourdes. Bernadette a-t-elle réellement eu une vision ? 17 visions même ? C'est possible. Mais on s'est empressé de la renfermer dans un couvent... Aujourd'hui, on conteste la vérité de cette série d'apparitions, et on s'appuie sur des circonstances qui donnent une grande valeur à la négative. Les miracles ? Belle affaire que les miracles ; la sainte Vierge en fait partout où il y a de la foi. Les miracles prouvent la puissance et la bonté de la sainte Vierge, l'efficacité de la foi et de la prière, mais ne prouvent pas la réalité d'une apparition.

Que penser aussi des apparitions de Pontmain, de Pellevoisin ? Elles ont eu beaucoup de succès pendant longtemps; elles sont très contestées aujourd'hui.

Pendant la guerre, on a publié une prédiction qui aurait été faite par une sœur converse de Blois, la sœur Marianne, dans les premières années de la Restauration. Tous les événements y sont prédits assez clairement ; mais..... toujours ce même mais : c'est après les événements que tout cela a été publié.

Dernièrement, nous avons eu les apparitions de Tilly-sur-Seulles, en même temps que les vaticinaions de Mlle Couédon, par laquelle parlait l'ange Gabriel. Nous avons eu Campitello, la Pietà des sœurs Passionistines de Lourdes, etc., etc.

Tout a été frelaté ; mais, au milieu de ce débordement d'impostures, il est impossible de ne pas reconnaître une part de vérité, la Salette mise de côté, bien entendu. Lourdes est un nid de fraudes et d'impostures, mais il y a eu des phénomènes qui on servi de base à cette vaste exploitation. A Tilly il y a certainement eu des phénomènes ; tout a été bien exagéré ; les visions ont été mal comprises, mais elles ont eu lieu. Tous ces phénomènes sont des signes d'un Invisible troublé. Il est certain que de bonnes influences se sont manifestées sur le plan physique pour nous rassurer, mais que les mauvaises influences sont venues en même temps en détruire les effets.

Mais des événements réels ont eu lieu pendant ce temps-là. L'ultramontanisme a triomphé : le Pape est devenu tout-puissant ; il a lancé son fameux *Syllabus*, qui est un véritable défi à la société moderne et à la civilisation. Il s'est fait proclamer infaillible !

Le *Syllabus* et l'infaillibilité mettent incontestablement la société en péril, c'est ce qu'on n'a pas assez vu. On s'est livré à des transports d'indignation, on a haussé les épaules, et c'est tout. Cela ne suffit pas, il faut bien savoir que le Pape n'est pas un fantoche, un pauvre souverain détrôné dont les coups ne portent plus, un faible qu'il est lâche de molester parce qu'il ne peut pas se défendre, etc., etc. Il faut bien savoir qu'il a des millions de soldats de toutes apparences, qui sont armés en guerre et prêts à marcher. Le Pape représente une puissance formidable, et sans l'intervention du Ciel, c'en serait fait de la société moderne: nous retomberions dans un esclavage dégradant, pire qu'au moyen âge.

C'est pour cela que la condamnation a été prononcée; sainte Philomène reçoit pleins pouvoirs et entre en scène en 1895.

A partir de ce moment, la France est protégée d'une manière spéciale ; il se fait un grand trou dont elle occupe le centre, je vous ai dit cela jadis. Les coups sont lancés formidables contre elle, mais elle est couverte par un bouclier qui les dévie, et tout va tomber sur les autres nations : catastrophes géologiques, météorologiques, guerres, révolutions. Je vous ai expliqué tout cela en son temps, et encore dernièrement.

Sauf deux coups de trompette qui étaient nécessaires, la France ne reçoit que des éclaboussures. Les deux coups de trompette sont le Bazar de la Charité et les cyclones qui se sont abattus sur Paris. Le Bazar de la Charité a été le théâtre de ce terrible incendie qui est resté dans toutes les mémoires. C'était en mai 1897 ; une réunion mondaine et absolument cléricale venait de recevoir la bénédiction du Nonce du Pape ; le feu a pris subitement et s'est propagé avec un vitesse effrayante, faisant de nombreuses victimes Nous ne pouvons que déplorer un si grand malheur, et Paris a été consterné quand il en a appris la nouvelle. On peut dire que le monde entier a pris part à ce deuil. Aussi n'est-ce pas dans un sens malveillant que je fais ressortir le cléricalisme de cette réunion. Si je combats la doctrine et les tendances oppressives, je respecte les personnes et je compatis à leurs souffrances comme à celles de mes amis. Mais ces sentiments ne doivent pas m'empêcher de voir et de faire ressortir l'enseignement scientifique de cette catastrophe.

Le second coup de trompette est représenté par une série de quatre cyclones qui se sont abattus sur Paris, à des intervalles rapprochés. Les trajectoires de ces cyclones sont assez remarquables. Si vous les reportez sur un plan de Paris et de ses environs immédiats, vous les verrez former les quatre jambages de la lettre M majuscule. Ces quatre jambages n'ont pas été produits dans leur ordre naturel ; il s'est formé d'abord le premier, puis le second, puis le quatrième, puis le troisième. Interprétez ce signe vous-mêmes il a plusieurs significations.

Pour vous aider, je vous dirai : les coups sont portés de part et d'autre ; il est impossible d'éviter tous les malheurs; tout ce que pourra faire la protectrice séculaire de la France,

Marie, sera d'atténuer les coups et de les détourner. Momentanément sa protection a été interrompue, mais il le fallait; maintenant, c'est sainte Philomène qui va agir, sous sa direction du reste.

Tracez une M majuscule sans le troisième jambage, ΛΛ, vous verrez l'image de traits qui sont lancés de tous côtés, laissant pourtant un trou inattaqué : c'est le trou dans lequel la France reste relativement indemne. Plus tard, le troisième jambage vient s'ajouter pour que la signature soit complète ; mais il est très atténué, pour bien faire voir que, s'il est un trait dirigé contre nous, il est atténué et détourné. En effet, le quatrième cyclone a été bien moins violent que les trois autres.

De tout temps, les sciences occultes ont été mises à contribution par nos adversaires, mais surtout depuis 400 ans. La magie noire avait même été pratiquée dans les églises de Paris. Vous vous rappelez, entre autres, ces statuettes de cire que le prêtre plaçait sur l'autel pendant la messe, notamment à Saint-Gervais, et qu'il piquait avec le rituel consacré pour faire mourir Henri III.

Aujourd'hui, la magie est encore mise largement à contribution ; mais, si vous en parlez à un prêtre, il haussera les épaules, et son geste sera sincère, car, après tout, il n'en sait rien : ce n'est pas à lui qu'on confiera ces sortes d'opérations.

Sainte Philomène a frappé en plein cœur ; elle s'est déclarée la patronne des Occultistes, car les œuvres occultes, les œuvres magiques, en général toutes les manœuvres qui sont pratiquées dans l'invisible, ne peuvent être combattues que dans l'invisible ; il fallait donc à la Magie, opposer la Haute Magie. Voilà pourquoi sainte Philomène, après avoir épuisé tous les moyens, s'est résolue à entrer dans la grande lutte occulte. Elle avait suscité ce pauvre Vianney, curé d'Ars, un saint homme, νήπιος lui aussi. Ses supérieurs hiérarchiques l'ont forcé à mentir et ont paralysé l'œuvre.

Vous vous rappelez dans quelles circonstances le curé d'Ars a menti : Dans un but de réclame, on lui avait amené le jeune Maximin de la Salette. Vianney, qui voyait assez souvent les pensées des autres, regarde Maximin et lui dit qu'il est un petit menteur. Maximin se trouble, balbutie et avoue qu'il n'a jamais vu la sainte Vierge. Depuis ce temps, Vianney disait partout que la Salette n'était qu'une imposture ; il le prêchait même en chaire. Son évêque lui dépêcha un grand vicaire, lui écrivit, pour le persuader qu'il vaudrait mieux, pour les intérêts de l'Eglise, ne pas parler comme il le faisait. Vianney répondit à l'évêque par une lettre dont je n'ai plus le texte sous les yeux, mais dont le sens était que, au contraire, l'Eglise n'avait qu'à gagner en repoussant les fourberies, etc., etc. Il reçut alors l'ordre de soutenir la Salette. Depuis ce temps, le curé d'Ars évitait d'en parler ; mais, quand on l'interrogeait, il répondait : Il faut croire à la Salette.

Cette phrase a été exploitée, et les souteneurs de la Salette ne manquent pas d'imprimer dans tous leurs écrits que le curé d'Ars a dit lui-même qu'il fallait croire à la Salette.

Pauvre homme ! Dans ta pensée, *il faut* voulait dire *il est ordonné, j'ai reçu l'ordre ;* tu transigeais avec ta conscience ; tu ne voulais pas désobéir à tes supérieurs hiérarchiques, parce qu'on t'avait enseigné que cette obéissance était la première des vertus, et tu le croyais. Tu aurais cru faire un bien plus gros péché en désobéissant qu'en mentant. Tu te rappelais que désobéir, c'était se révolter... L'esprit de révolte, ce qui a perdu Lucifer !! *Di, avertite tale omen !* Tu as dit certainement, dans ton humilité bien sincère, mais singulièrement exagérée : Qu'est-tu donc, pauvre vermisseau, pour préférer ton avis à celui de ton évêque ! Et tu as obéi.

Mais aussi, tu as trahi ta mission. Dieu t'avait donné des facultés de pénétration, de discernement des esprits qu'on trouve rarement chez les hommes ; cela ne pouvait pas être pour induire tes frères en erreur. Vois donc cette situation : des multitudes innombrables ont vu que tu étais un homme de Dieu, on l'a dit et répété partout ; le monde entier a les yeux fixés sur toi ; on a une confiance aveugle en toi ; on écoute avec déférence la moindre parole que tu laisses échapper de ta bouche. Entends-tu bien ? Le monde est inquiet, il a soif de vérité et il t'interroge anxieux. Dieu t'a éclairé, tu vas pouvoir débarrasser la Religion d'une de ces mille fourberies qui la déshonorent ; tu le sens si bien que tu commences par profiter des lumières que Dieu t'a données pour proclamer que la Salette n'est qu'une jonglerie. Puis, sur l'ordre d'un homme, d'un politicien, tu abuses de la confiance de ce Monde, qui ne veut plus être trompé maintenant, qui a soif de vérité. Tu abuses du crédit que Dieu t'a donné sur ce Monde, pour le tromper, pour lui dire le contraire de ce que tu *sais* être la vérité ; car tu ne la *soupçonnes* pas la vérité, tu la *sais* ; tu la tiens de la bouche du principal acteur lui-même. Tu as menti !

Et crois-tu qu'un mensonge comme celui-là, sortant d'une bouche comme la tienne, n'ait pas une autre importance qu'un mensonge quelconque sortant de la bouche d'un simple mortel ? C'est comme si tu avais fait mentir Dieu lui-même ! Non, tu ne le crois pas, tu connais l'énormité de ton action ; tu as des remords et tu supplies sainte Philomène, ta bonne petite sainte, de prolonger ta vie de quelques années pour expier ton crime. Sainte Philomène t'a exaucé. Dieu sait bien que les forces humaines ont des bornes ; il t'a ouvert les bras, pauvre saint homme, il t'a dit : Viens, toi qui m'as tant aimé, tu as souffert de ton action dont tu n'as pourtant pas la responsabilité; je te pardonne de tout mon cœur. Oui, Vianney, tu as été l'instrument des politiciens, tu as fait du mal, mais tu n'es pas coupable; tu es tout de même et tu resteras toujours dans nos mémoires le saint curé d'Ars ; mais ton exemple est une des condamnations de la Hiérarchie à laquelle tu appartenais, qui a fait d'un saint homme comme toi un esclave inutilisable. Que voulais-tu que sainte Philomène fasse de toi ? Elle pouvait bien te protéger, t'aimer, te plaindre, mais elle ne pouvait pas partager ton esclavage.

Et toi, évêque, sais-tu ce que tu as fait ? Tu as violé, tu as dépucelé une vierge ! Que Dieu te pardonne ! Et il te pardonnera, car tu es aussi un de ceux qui ne savent ce qu'ils font.

Diverses autres tentatives ont encore été faites, mais elles sont restées infrutueuses ; bien mieux, elles ont été exploitées contre nous.

Il n'y avait plus à hésiter; la condamnation, du reste, était définitive, il fallait l'exécuter, et sainte Philomène a pris les Occultistes pour centre d'opérations, les Occultistes chrétiens, bien entendu, et la France, en particulier Paris, pour quartier général.

C'est pour cela que la France est protégée d'une manière toute particulière, à l'exclusion et même souvent au détriment des autres nations.

Il n'y a là rien d'extraordinaire ni aucune injustice.

Quand Dieu veut exercer une action sur les personnes, il se sert d'un homme. Quand il veut exercer une action sur le Monde, il se sert d'une nation, d'un peuple.

Si vous êtes attentifs aux grands événements de l'histoire, vous verrez que toujours il y a eu un peuple initiateur, qui a donné le signal du mouvement, et qui l'a répandu ensuite chez les autres nations.

Pour tout ce qui concerne l'émancipation politique et religieuse, la France est le centre d'action ; c'est d'elle que part le mouvement ; c'est elle qui le répand chez les autres.

Voilà pourquoi sainte Philomène a choisi la France et la protège afin de la conserver pour l'action. Elle a, du reste, admirablement répondu à son appel, et toutes les nations reconnaissent qu'elle leur a rendu un immense service.

Sa mission n'est pas terminée, mais un grand coup a déjà été frappé, et, je l'espère, la France accomplira sa tâche jusqu'au bout, et l'Adversaire sera terrassé. Il a déjà reçu des coups dont il ne se relèvera pas.

Mais alors, qu'est-ce donc que sainte Philomène ? Comment peut-elle être si puissante ?

Quant à sa personnalité, les raisonneurs disent qu'elle n'a peut-être jamais existé. Pour moi, je suis convaincu de son existence réelle sur la terre, vers le commencement du IVe siècle. Mais, je le répète, cela importe peu ; il y a suffisamment de preuves que, sous le nom de sainte Philomène, il existe une puissance céleste qui a fait de grandes choses. Si elle n'a pas existé en réalité, elle est représentée par un groupe de puissances, ce qui revient au même.

Cela revient au même parce que, si sainte Philomène a réellement existé, elle est à la tête de ce groupe de puissances ; si elle n'a jamais existé, ce groupe, qui existe quand même, a à sa tête une puissance céleste qui commande sous le vocable de sainte Philomène, comme l'Ange Raphaël guidait Tobie sous le vocable d'Azarias. Il y a donc bien quand même une sainte Philomène dans l'invisible, que nous aimons et prions.

Quand Dieu donne à quelqu'un une mission, surtout une mission aussi importante que celle que je viens de vous expliquer, il lui donne les moyens de la remplir.

Rappelez-vous ce que je vous ai dit de ce qu'on appelle les Hiérarchies et les Chœurs angéliques, ce que nous, nous appelons les *dieux célestes*, c'est-à-dire les dieux les plus élevés et les plus puissants, qui sont restés dans le plan céleste, constituant pour ainsi dire la réserve, l'élite de l'armée céleste.

Dieu ne les a pas mis sous les ordres de sainte Philomène, mais il les lui a donnés comme aides, c'est-à-dire que sainte Philomène vient au milieu de nous accompagnée de Séraphins pour allumer en nous l'amour divin, et de Chérubins pour nous éclairer, nous instruire et nous inspirer la bonté et l'amour du prochain.

Les Trônes dirigent les empires de manière à favoriser l'exécution du plan que sainte Philomène est chargée de réaliser.

Les autres Chœurs angéliques secondent l'œuvre, chacun selon sa spécialité, et tous mènent au combat les multitudes innombrables de soldats invisibles qui doivent nous assurer la victoire.

Vous comprenez maintenant quelle puissance formidable représente sainte Philomène, puissance qui est utilisée tout aussi bien pour le plus petit d'entre nous que pour les empires eux-mêmes : c'est là le cachet de tout ce qui est d'origine divine.

Vous pourriez me demander maintenant ce qui me fait croire qu'elle a vécu sur la terre, et aussi pourquoi Dieu a délégué une puissance aussi grande à une créature humaine, de préférence aux autres créatures humaines, et aussi de préférence aux Esprits supérieurs, aux dieux eux-mêmes.

C'est justement cette préférence qui me fait croire à l'existence réelle de sainte Philomène ; c'est parce que je sais que Dieu veut que les œuvres humaines soient faites par des humains. Dieu veut tellement qu'il en soit ainsi, que le Verbe, voulant faire l'effort suprême en notre faveur, a commencé par devenir humain lui-même en Jésus.

La préférence donnée sur les puissances supérieures se trouve ainsi expliquée.

Quant à la préférence sur les autres humains, elle s'explique facilement aussi. D'abord, si la mission doit être donnée à une seule personne, il faut bien que toutes les autres soient éliminées. Donc, n'y aurait-il aucune raison, de mérite ou autre, de donner la préférence à telle personne, il faudrait pourtant bien qu'il y en ait une de choisie à l'exclusion des autres.

Mais, ici, le cas se trouve correspondre très bien à la manière habituelle de Dieu. Si nous nous en tenons aux simples apparences des restes découverts, Philomène était une petite fille de 13 ans. Vous conviendrez facilement qu'à cet âge, qu'elle soit princesse ou non, elle n'a pas d'histoire. Elle est un être humain, et c'est tout. La légende provenant de la vision principale lui donne une constance héroïque et un dévoûment absolu à sa religion ; c'est très beau, mais vous retrouverez cette constance et cet héroïsme, non pas chez tous les martyrs, mais dans toutes les légendes. Il n'y a donc encore là rien d'exceptionnel. Beaucoup de martyrs, même ayant montré moins de vertu, ont laissé des traces dans les mémoires du temps, Philomène n'en a pas laissé ; personne n'en parle à aucune époque, du moins à notre connaissance. Elle est complètement ignorée, et ce n'est qu'au bout de 1.500 ans, c'est-à-dire au moment précis où il est nécessaire que la mission se prépare, qu'on découvre sa tombe, et qu'on peut ainsi apprendre qu'il doit y avoir eu une martyre de ce nom.

Est-ce que ce ne sont pas là les conditions que Jésus nous a révélé être requises par Dieu ? Voilà bien l'enfant qu'on peut appeler νήπια, celle à qui tout pouvait être découvert : ἀπεκάλυψας νηπίοις.

Dans un autre ordre d'idées, on peut dire que sa personne et son nom se prêtent admirablement à une telle mission. Nom et personne expriment l'*amabilité*, cette qualité si nécessaire, dont nous avons tant besoin. Qu'y a-t-il de plus aimable qu'une belle et bonne jeune fille de 13 ans ? Et son nom lui-même, Φιλουμένα veut dire l'AIMABLE.

J'ai dit une belle et bonne jeune fille : vous n'en savez rien, pourrait-on m'objecter, puisqu'on ne connaît pas son histoire. Mais, d'une part, c'est toujours ainsi que nous nous représentons une enfant de 13 ans ; d'autre part, nous aimons les enfants avec attendrissement, surtout à cet âge : 13 ans ! alors qu'on n'est déjà plus une gamine, mais qu'on n'est pas encore une grande personne. Je peux en outre vous dire si cela vous intéresse, que, de son vivant, elle était d'une beauté angélique et d'une bonté, d'un amabilité à toute épreuve. Je ne sais pas si Φιλουμένα était son véritable nom, mais je croirais plutôt que ses qualités lui avaient fait donner cette ἐπωνυμία, ce cognomen, ce surnom qui lui est resté et sous lequel seul elle est connue. Elle était vive, alerte, ses mouvements étaient gracieux, pleins de noblesse... et aussi d'espièglerie. Ce dernier trait est caractéristique et ajoute à sa grâce : un très jeune fille, bonne et espiègle, est incontestablement très gracieuse. Cette espièglerie, dis-je, est caractéristique ; car, malgré son âge avancé, 1616 ans, elle dure encore. A peine sortie des catacombes, elle commençait à faire des espiègleries ; elle en fait encore aujourd'hui. Cela ne l'empêche pas d'être très sérieuse et pleine de commisération quand nous souffrons, qu'elle nous console et apaise nos douleurs.

Quant à ce nom de Φιλουμένα, vous ne le trouverez pas dans le dictionnaire, c'est un adjectif forgé d'après le participe passif présent, féminin, φιλουμένη, étant aimée : cela arrive souvent dans toutes les langues, en français comme dans les autres langues.

Enfin, les autres humains ne sont pas éliminés d'une manière absolue ; vous pouvez être bien sûrs que tous ceux qui sont dans l'invisible, éclairés et aimant Dieu, collaborent à l'œuvre de sainte Philomène.

Nous avons tous été élevés dans l'admiration de l'austérité ; pour nos éducateurs, la gaieté, le rire, la beauté sont plutôt blâmables. La beauté, entre autres, est souvent prise comme une des armes du diable. En tout cas, elle paraît bien inutile ; elle l'est en effet dans la conception mystique cléricale. Vous connaissez des histoires de saintes qui se sont défigurées exprès pour cesser d'être belles. Du reste, vous pouvez remarquer que toutes les dévotes, celles qu'on appelle plus spécialement les bigotes, sont horriblement laides. Quelquefois, souvent, elle le sont naturellement et n'ont pas de peine à s'enlaidir ; mais, souvent aussi, c'est le résultat d'une sorte de concours de laideur. Celle qui est arrivée à être beaucoup plus laide que les autres prend un air hautain, et dédaigne profondément les malheureuses qui n'ont pas pu arriver à détruire complètement tous les charmes du diable ; et pourtant, ce peu de charmes qui leur reste n'est pas séduisant. C'est des dévotes qu'on peut dire avec raison ce qu'un prêtre des Antilles me disait un jour de certaines négresses : c'est l'*éteignoir de la concupiscence.*

Vous pourriez donc être étonnés que je vous vante la beauté de sainte Philomène. C'est que toutes ces conceptions sont fausses et archifausses. La beauté est tout un poème ; la beauté est la marque d'une belle âme. Il y a mille sortes de beauté, chacune raconte une poésie ; toute figure, du reste, toute forme corporelle aussi, raconte la vie de la personne à laquelle elle appartient.

Je ne parle pas de la beauté classique, celle qui résulte de la régularité des traits ; c'est une beauté négative, une des formes de la laideur. La beauté classique représente ce que nous appelons l'insignifiance.

Certaines femmes qui ne répondent ni de près ni de loin à un type de beauté sont pourtant belles parce qu'elles ont une belle âme. Cette beauté d'un genre particulier, beauté résultant de la victoire de l'âme sur un corps qui a subi des accidents au point de vue esthétique, fait une impression profonde sur les hommes : je vous citerai l'exemple d'Antoinette Bourignon, qui était si laide et qui a été recherchée par plusieurs jeunes gens qui voulaient l'épouser. L'un d'eux même s'est suicidé de chagrin à la suite du refus d'Antoinette.

Non, soyez-en bien sûrs, la beauté n'est pas un don du diable, une de ses ruses, un piège ; la beauté est un don de Dieu. Il y a de certaines beautés qu'on appelle perverses, j'en ai vu; tout ce que je puis vous en dire, c'est que j'ai été étonné qu'on puisse trouver cela beau.

Le rôle des Occultistes. — L'Occultisme n'est pas une doctrine, ce n'est pas non plus une école ; on peut dire des Occultistes ce qu'on dit de toutes les philosophies : *Quot capita, tot sensus.*

On n'est pas occultiste parce qu'on professe telle doctrine ; les occultistes sont tout simplement ceux qui étudient l'Invisible et qui tiennent compte des choses cachées, soit pour leur conception du monde, soit pour leur conduite. Aussi, comme vous devez vous y attendre, il y a plusieurs écoles d'Occultistes.

Nos adversaires, qui n'y connaissent rien, prennent volontiers les affirmations des auteurs qui écrivent sur l'Occultisme comme faisant partie de la prétendue doctrine occultiste ; il en résulte qu'ils attribuent à l'un ce qui appartient à l'autre. Si un homme, qui a suivi je ne sais quelles leçons, écrit des bêtises, des absurdités, même des immoralités, comme il y en a, on dit que les Occultistes ne sont pas forts, ou bien qu'ils professent des doctrines dangereuses, etc. C'est absolument comme si, ne connaissant rien des religions, je confondais les catholiques avec les diverses confessions protestantes, et que je dise, par exemple, que les chrétiens obéissent à un seul homme qu'ils appellent le Pape ; qu'ils ne veulent pas qu'on prie pour les morts ; que, dans la communion eucharistique, il y a un symbolisme qui rappelle le dernier repas du fondateur de cette religion, repas d'adieu dans lequel Jésus demandait à ses apôtres de penser à lui quand ils se réuniraient pour manger du pain et boire du vin ; que, pour des raisons de prééminence du clergé sur les laïques, le vin, pourtant, a été réservé au seul clergé, et pour les laïques on a substitué un pain à cacheter au pain réel : que les miracles du Christ s'expliquent par des circonstances toutes naturelles et l'imagination de ses disciples, mais qu'il n'en a plus été fait depuis sa mort ; que pourtant, chaque fois que le prêtre dit la messe, le Verbe éternel descend dans l'hostie, etc., etc. Vous voyez quelle salade nous pouvons obtenir avec de pareilles confusions.

Les Occultistes disent que le Monde n'est pas limité aux choses perceptibles par nos sens corporels, qu'il y a des êtres vivants que nous ne voyons pas, mais qui peuvent se manifester à nous de diverses façons, dans diverses circonstances, qu'après la mort, nous continuons à vivre, et encore, cela n'est pas admis par tout le monde ; qu'il y a bien des choses qu'on voit sur la terre qui sont déterminées par l'invisible, etc. Tant qu'on reste dans ces généralités, on peut dire : les Occultistes prétendent... Mais, à partir du moment où il s'agit d'un point doctrinal, on ne peut plus dire que : certains occultistes prétendent..., et même souvent, il serait plus prudent de dire : un tel prétend..., car il y a des idées qui sont personnelles à un seul auteur. Voyez, par exemple, pour les réincarnations, c'est une théorie qui est généralement acceptée par les occultistes ; il y en a pourtant quelques-uns qui n'en veulent absolument pas.

Il est donc très important de savoir que, lorsqu'une idée est émise par un occultiste, on n'a le droit d'en rendre responsable que lui-même, M. un tel, celui qui l'a émise.

Parmi les écoles occultistes, nous devons ranger les spirites ; on a une tendance à en faire une école à part ; on dit souvent que les spirites et les Occultistes ne peuvent pas s'entendre. C'est un très grand tort : d'abord, les spirites forment une des écoles d'Occultistes ; ensuite, la plupart des autres écoles les prennent très bien au sérieux et n'ont que de la sympathie pour eux.

Chaque école joue son rôle. L'Occultisme chrétien, que j'appelle aussi Haute Magie, ou Mystique Pratique, s'appuie sur l'enseignement de Jésus. Ce n'est pas une religion, il n'y a pas de culte, il n'y a pas de prêtres, il y a uniquement le professeur et les élèves. On pourrait, à la rigueur, confondre la Théologie, surtout la Théologie mystique, avec l'Occultisme chrétien ; mais il y a cette différence que nous, car c'est bien de mon école que je parle, nous n'avons pas de dogmes, nous étudions librement et nous ne sommes soumis au magistère d'aucun homme ; nos seuls guides sont notre conscience, nos études et nos inspirations de l'invisible. Tandis que les Théologiens, qui sont bien aussi une école d'occultistes, sont écrasés sous les dogmes et sous le magistère d'un homme qui prétend à l'infaillibilité pour tout ce qui est définition dogmatique. S'il y en a parmi eux qui ont des inspirations du Ciel, ces inspirations elles-mêmes sont soigneusement contrôlées par des hommes qui sont les représentants de cet homme unique qui dirige tout.

Les théologiens protestants ne sont pas opprimés par un homme ; ils ne reconnaissent pas l'autorité du Pape, mais ils sont opprimés par des hommes, par leur consistoire ; ils ont, comme les catholiques, des Dogmes, un Credo, des traditions.

Tandis que nous, nous sommes libres, comme Dieu a voulu que nous soyons, notre esprit est ouvert à tout progrès comme l'esprit de tous les philosophes dignes de ce nom, et, si nous tenons compte des traditions, c'est comme documents, mais jamais comme autorité.

Je peux dire que, dans mon école, nous sommes les disciples de sainte Philomène. Elle m'a enseigné les lois de l'Invisible, et je les enseigne à mes élèves. Elle m'a communiqué *gratuitement* quelques connaissances, je vous les transmets *gratuitement.*

A ce propos, permettez-moi quelques mots d'explications. Ce n'est pas pour rien que je souligne le mot *gratuitement.* Jésus, envoyant ses disciples dans divers pays, pour leur annoncer l'Evangile, la bonne nouvelle et la venue du royaume, leur dit : Tout ce que je vous ai donné, vous l'avez reçu gratuitement, donnez-le leur gratuitement. Je me ferais un cas de conscience de réclamer de mes élèves un salaire quelconque pour leur transmettre ce que sainte Philomène me donne si gracieusement.

Mais il y a autre chose : quelqu'un a dit qu'il était très dangereux de prier sainte Philomène. Elle est une puissance de l'Invisible, pas très bonne, pas très forte, mais pouvant cependant procurer quelques avantages ; seulement, elle les fait payer très cher. Quant à lui, il a fait la sottise de s'adresser à elle autrefois, mais il n'a eu de paix qu'après qu'il a eu cessé de s'adresser à elle

Il y a longtemps que ce manège dure, et je ne m'en préoccupais pas ; je haussais les épaules, et cela ne méritait pas davantage. Mais aujourd'hui, je m'aperçois qu'il multiplie sa propagande contre sainte Philomène, et que beaucoup d'esprits en sont troublés. L'un dit : Le fait est que, tant que j'ai prié sainte Philomène, je n'arrivais jamais à rien ; depuis que je l'ai abandonnée, tout me réussit. D'autres disent : Il n'est peut-être pas prudent d'aller la voir, et ils se retirent. Quelques-uns viennent même me dire : Est-ce qu'il n'y a pas de danger à prier sainte Philomène ? Un tel dit que ce n'est pas prudent, etc., etc.

En face de pareille malveillance, et surtout d'un pareil acharnement, je me vois obligé de vous mettre en garde, et pour cela, le meilleur moyen sera de démasquer l'auteur de pareilles insinuations.

Tout ce que sainte Philomène a donné, elle l'a toujours donné *gratuitement* ; elle n'a jamais envoyé de malheurs ni fait mourir personne pour se payer. Vous pouvez y aller en toute sécurité. Je n'en ai jamais reçu que du bien, et vous n'en recevrez jamais que du bien. Celui qui s'acharne actuellement contre elle a été jadis sous la domination de mauvais esprits ; c'était du reste par sa faute : il avait tellement la rage d'obtenir des phénomènes, qu'il s'était sottement livré à eux, sans du reste en obtenir ce qu'il désirait. Je l'ai délivré ; autrement dit, je l'ai amené à sainte Philomène, qui l'a délivré. La lutte a été pénible et accompagnée de quelques phénomènes intéressants.

A la suite de cet exorcisme, M. X, se trouvait heureux et ne se lassait pas de dire : Ah ! qu'on est bien, près de sainte Philomène ! Comme on y sent de bonnes influences ! etc. Tout cela a duré assez longtemps. M. X... avait compris qu'il avait trouvé la vraie voie, et pendant cette période, tout lui réussissait, même le mariage qu'il ambitionnait, et pour lequel sainte Philomène a augmenté ses ressources pécuniaires. Pour se venger, sainte Philomène lui a guéri, du jour au lendemain, un membre de sa famille qu'il aimait et que tout le monde aimait. Je ne suppose pas que ce soit cette vengeance-là qu'il lui reproche.

Mais un homme néfaste, qui est mort maintenant, un homme qui s'était fait une réputation de thaumaturge parmi ceux qui s'occupent de sciences occultes, qui avait même la prétention de se faire passer pour le Maître des maîtres, un homme qui a exercé une influence dissolvante et a semé la folie autour de lui, s'est trouvé sur le chemin de M. X... L'orgueil, qui n'était qu'endormi, a été réveillé ;

il a vu la possibilité d'acquérir des *pouvoirs*; les mauvais esprits sont revenus. Le thaumaturge, qui voyait en sainte Philomène une concurrente, lui était hostile, et même, je peux bien le dire, en avait peur. Il était donc tout natu... que M. X...,sans qu'il soit nécessaire pour cela qu'il y ait eu des explications échangées entre eux, se soit éloigné de sainte Philomène et cherche à lui faire la guerre.

L'influence de M. X.. n'est pas bien redoutable pour sainte Philomène, mais elle est nuisible pour ceux qui l'écoutent. Voilà pourquoi il était de mon devoir de vous prévenir. Je connais une famille qui a dû beaucoup à sainte Philomène. Sous l'influence de M. X..., elle s'en est éloignée. Elle est maintenant ruinée de fond en comble.

Faut-il voir là une vengeance de sainte Philomène? C'est bien en effet ce que vous dirait un membre du clergé ; cela lui donnerait l'occasion de bêler sa rengaine habituelle : Ah ! sainte Philomène ! Comme vos vengeances sont terribles ! La vérité est bien plus simple et moins immorale.

Je vous ai déjà dit que lorsqu'une grande puissance céleste se manifeste, l'Adversaire se dresse devant elle, d'autant plus féroce et d'autant plus formidable que cette puissance céleste est elle-même plus formidable. Si vous vous mettez sous la protection de sainte Philomène, vous irritez l'Adversaire contre vous, mais ses coups ne vous atteignent pas. Vous êtes à l'abri à cause de la protection qui vous couvre comme d'un bouclier. C'est ce que les Anciens avaient bien compris, quand ils se mettaient sous l'égide de Pallas ou d'autres déesses ou dieux protecteurs.

Mais, si vous abandonnez sainte Philomène, elle ne vous retire pas sa protection, mais c'est vous qui vous éloignez de cette protection, et l'Adversaire peut taper sur vous à loisir, et il n'y manque pas; la vengeance lui est douce. A moins pourtant qu'il découvre en vous un serviteur possible ; alors, il vous comble, selon son pouvoir, d'autant d'avantages qu'il peut vous en procurer, pour vous retenir à lui et vous employer contre son ennemie, sainte Philomène, jusqu'à ce qu'il n'ait plus besoin de vous, ou que vous-même vous manquiez de zèle pour le servir, et alors il recommence à satisfaire sur vous sa vieille rancune.

Et maintenant, revenons aux Occultistes. Je vous ai montré les Occultistes chrétiens marchant sous la direction de sainte Philomène, et n'ayant d'autre livre que les Evangiles, ne reconnaissant qu'un seul maître, Jésus-Christ, le Verbe incarné, et n'ayant qu'un seul désir, se rapprocher de lui.

L'école théosophique a contribué puissamment au mouvement d'émancipation religieuse, en montrant la puissance et le devenir humains dans le monde physique et dans l'invisible. Son action a été extrêmement féconde et salutaire.

Elle relève de l'Inde, non pas qu'elle soit bouddhiste ou brahmaniste, mais elle s'inspire des idées de ces deux religions et les adapte à notre monde occidental.

Il y a donc entre nous une divergence de vues, mais qui n'a pas une importance vitale, et ne nous empêche pas de marcher la main dans la main.

Les Théosophes évoluent pour se fondre dans le Nirvâna et participer à la formation de Dieu ; nous, au contraire, nous vivons en Dieu, et nous évoluons pour devenir des dieux.

Quant à la doctrine, nous sommes souvent d'accord ; nous le sommes presque toujours sur les faits : nous voyons l'invisible presque de la même façon, mais nous n'en tirons pas toujours les mêmes conséquences.

Vous voyez que nous pouvons nous considérer comme alliés. Pour mon compte, je reconnais que les Théosophes nous sont une aide précieuse.

Les spirites aussi sont nos alliés. Sans doute, comme nous, ils ont des non-valeurs ; mais, quand on examine une école, il ne faut tenir compte que des hommes sérieux qu'on y rencontre, et le spiritisme n'en manque pas.

Les diverses autres écoles font des efforts louables pour arriver à la Vérité, mais ils sont en dehors de notre mouvement; quelques-unes même nous combattent, mais celles-ci ne représentent qu'une quantité négligeable.

Il y a pourtant une école d'Occultisme très puissante, qui est justement celle que nous combattons. Ses attaques sont loin d'être négligeables ; ses membres font de la Magie en grand, mais de la vraie Magie, sans mise en scène, sobre de détails, mais d'une force extraordinaire.

Je dois vous avouer que, avant que sainte Philomène ait soulevé le voile qui nous sépare de l'Invisible, je n'aurais jamais voulu croire à la réalité de ce qui se passe dans les coulisses du monde ; je n'aurais jamais pu me faire une idée du rôle énorme que joue la Magie dans les événements, politiques et autres.

J'ai été dirigé ensuite dans les bons endroits pour voir, sur le plan physique lui-même, la confirmation de tout ce qui m'a été montré.

Malgré cela, j'ai hésité longtemps avant de me décider à vous en faire part ; mais je dois parler, cela m'est une obligation. Déjà, à diverses reprises, je vous ai raconté une partie des choses cachées, je vais continuer.

Savoir, Vouloir, Oser et se Taire.— Les Occultistes savent bien des choses, mais pas tout. Ils ne veulent pas grand' chose et ils osent encore moins, car je ne peux pas compter leurs imprudences comme des traits d'audace. Quant à se taire, ils bavardent comme des commères, et font beaucoup plus de bruit que de besogne.

Mais l'école d'Occultistes dont je vous parle, dont le chef et fondateur avait étudié à la célèbre école de Salamanque, cette école sait, veut et ose beaucoup. Ses membres se taisent si bien que personne ne se doute de leur existence. Ils sont relativement peu nombreux, mais ils ont sous leurs ordres des centaines de mille d'esclaves, qui ne se doutent de rien et ne savent même pas où on les mène. Et cependant, les principaux d'entre eux n'ont été admis qu'après des épreuves très sérieuses, et surtout après avoir subi une déformation mentale très importante.

Vous vous rappelez ce qu'on appelle la *fable* de Circé ; ce qu'on ne comprend pas, on le prend pour une fiction poétique et on l'appelle une fable. Circé avait fait boire aux compagnons d'Ulysse un breuvage à la suite duquel ils furent changés en un troupeau de porcs et se laissèrent tranquillement conduire à l'étable.

Les épreuves dont je vous parle produisent un effet analogue ; elles sont extrêmement puissantes, et je ne crois pas qu'il existe un homme qui puisse y résister, à moins d'une protection spéciale, dans le cas d'une mission, par exemple. Quand on a subi ces épreuves, on n'est plus le même homme ; on a une mentalité particulière très bien adaptée au but poursuivi, et l'on est un esclave.

La société a toujours lutté contre les maléfices de cette école ; elle a toujours été vaincue.

Cette école ne s'avoue pas comme telle, bien au contraire. Si je l'en accusais ouvertement, chaque membre se draperait dans sa dignité, prendrait un air de calomnié indulgent qui méprise des attaques aussi absurdement malveillantes, et, m'ayant regardé d'un air de pitié, s'en irait en déclarant qu'il va prier pour moi. Et le plus terrible c'est que tout le monde le croirait. Bien mieux, mon contradicteur serait peut-être de bonne foi, car il est laissé dans une ignorance complète du rôle qu'on lui fait jouer. Comme je l'ai dit tout à l'heure, tous ces esclaves contribuent à la formation de l'Egrégore, mais sans rien connaître ni de la théorie ni de la pratique ; il obéit, et c'est tout.

Cette école a des branches et des sous-branches ; elle se ramifie sur toute la terre et se croit sûre de la victoire. Elle y est accoutumée du reste ; mais ce qu'elle ne sait pas c'est qu'elle est condamnée dans l'invisible, et qu'elle va disparaître dans un délai plus ou moins long, plus court qu'on ne croit. On sera alors étonné des ravages qu'ils ont faits, d'autant plus que toutes les branches fonctionnent sous des dénominations parfaitement recommandables. Ceux-là savent, veulent, osent et se taisent. Se réunir sous une étiquette avouable pour faire des choses mauvaises est bien une excellente manière de se taire, la meilleure, à coup sûr.

Je ne dois pas compter parmi les écoles d'Occultistes certaines fraternités de sorciers, très nombreuses aujourd'hui, mais dont je ne parle que pour ne pas être accusé de les oublier ou même de les méconnaître. Ce sont des associations de malfaiteurs dont nous n'avons pas à nous occuper. Souvent, on nous demande notre aide contre leurs méfaits ; nous ne la refusons jamais. Mais cela est en dehors de la grande action qui constitue la partie principale de la mission de sainte Philomène.

Voici maintenant comment les choses se passent. Nous, Occultistes chrétiens, nous formons le centre d'action ; nous savons que nous sommes au service de sainte Philomène, et que nous formons le corps physique de l'Egrégore qu'elle a constitué. Nous prions, et c'est tout. Nous ne faisons aucun acte politique. Nous ne sommes pas constitués en société secrète, pas même en une société quelconque. Tout le monde est absolument indépendant.

Où donc est l'action ? Qu'y a-t-il donc de si formidable dans cette décision de sainte Philomène de fonder l'école d'Occultisme chrétien ?

Pour vous faire comprendre le mécanisme de cette organisation, il est indispensable que je fasse une nouvelle digression. Le secret de l'action formidable de sainte Philomène et de notre collaboration réside entièrement dans la formation d'un Egrégore. Il faut donc que je vous explique ce que c'est qu'un *Egrégore.*

Les Egrégores. — Ce mot a été employé pour signifier bien des choses ; nous lui donnons une signification précise et, je le crois, rationnelle.

En effet, le mot *Egrégore,* 'Εγρήγορος, veut dire celui qui veille, et vous verrez que ce qualificatif lui convient très bien.

Dans le livre d'Enoch, le mot Egrégore est employé pour désigner les Beni-Elohim du VIe chapitre de la Genèse qui ont épousé les filles des hommes. Cette appellation me semble assez mal adaptée.

Plus tard, on a désigné par ce mot les Anges gardiens, parce qu'ils veillent sur nous.

Ces deux adaptations vous montrent que le mot Egrégore n'a jamais eu de signification précise, puisqu'on l'a employé pour désigner des Esprits essentiellement mauvais et des Esprits essentiellement bons : les Esprits du livre d'Enoch séduisent des filles humaines pour leur apporter des vices et leur enseigner les arts magiques ; tandis que les Anges gardiens nous sont adjoints justement pour nous conduire dans la voie du bien.

Cette indécision fait entrer le mot Egrégore dans le domaine public et me permet de m'en emparer, sans me préoccuper de l'usage qu'on a pu en faire.

Ephilas Lévi écrivait Eggrégore, avec deux g, et lui donnait une étymologie fantaisiste : *Eggregius* (1) *grex*, troupeau choisi. Sous ce nom, il désignait des esprits redoutables et assez mal caractérisés ; on ne sait trop ce qu'il a voulu dire, mais il est visible qu'il a été influencé par la lecture du livre d'Enoch. Quant aux véritables Egrégores, il ne les connaissait pas.

Dans ces trois interprétations, il s'agit d'Esprits proprement dits, agissant par eux-mêmes, sans l'aide humaine. Tandis que les puissances auxquelles j'ai appliqué ce nom d'Egrégores sont en réalité des êtres artificiels ; elles se composent d'une partie invisible et d'une partie visible ou humaine.

Cette définition a été adoptée par la plupart des Occultistes.

Chaque fois que vous parlez, vous créez des petits êtres éphémères qui ont un semblant de vie, et sont la réalisation des images qui correspondent à vos paroles. Ces petits êtres sont formés aux dépens de vos corps invisibles, s'échappent de vous et se répandent dans votre atmosphère environnante. Généralement, ils proviennent de paroles oiseuses, et sont aussitôt dissous qu'émis. Mais, s'ils proviennent de paroles sérieuses, leur vitalité est plus grande ; quand la parole a l'importance qui lui donne droit à la dénomination de Verbe, leur vitalité est considérable.

(1) Ce qui est une faute : on ne dit pas eggregius, mais egregius.

Ces petits êtres artificiels ont reçu le nom de *Larves*. Seulement, l'usage a donné à ce mot un sens mauvais, et c'est un tort, car il est commode pour exprimer toutes nos productions d'êtres artificiels, bons et mauvais.

Les larves sont créées aux dépens de la substance de nos corps invisibles, et nous nous en apercevons bien : après une longue conversation, nous éprouvons une fatigue d'un genre particulier ; nous ne trouvons plus rien à dire ; notre parole devient lente, et notre conversation est coupée de longs silences. Il y a une expression populaire qui, comme presque toujours, rend très bien compte de cette sensation et de la cause de cette sensation : *Je suis vidé*. C'est parfaitement exact, les corps invisibles ont fourni tellement de leur substance pour donner naissance aux milliers de larves qui ont été émises, qu'ils sont affaiblis et ne peuvent plus rien fournir. Il leur faut maintenant se reposer et reprendre la nourriture invisible dont je vous ai parlé dans mon introduction, pour combler les vides, réparer les pertes. Il existe une autre locution qui s'applique à un fait du même ordre : quand on a épuisé un sujet, quand on a donné tous les renseignements et tous les détails qu'on connaît, on continue pourtant à être interrogé, parce que la curiosité est insatiable ; alors, on cherche, on dit péniblement des choses qui ne sont que des déductions de tout ce qu'on vient de dire ; il en résulte une fatigue qui va croissant à mesure que les questions se succèdent et que les tentatives se multiplient pour y répondre. Ceux qui connaissent ce détail ne s'y laissent pas prendre et disent : *J'ai vidé mon sac*, je ne peux plus rien vous dire.

L'écriture est un emmagasinage d'énergie ; elle provient aussi de la création de larves, mais avec rencontre d'une substance qui les fixe, et ici, je prends le mot substance dans son sens le plus général.

Il y a là un phénomène qui a son analogue en physique. Comme ce phénomène est de première importance, et donne la clef d'une grande partie des arts magiques, vous me permettrez une nouvelle digression; car je tiens à bien vous faire comprendre cette théorie, que vous ne trouverez nulle part. Ceux que les sciences physiques n'intéressent pas pourront sauter ce passage.

Quand un courant électrique parcourt un fil de cuivre, il produit divers effets qui sont tous passagers et ne durent que juste le temps du passage. Pendant tout le temps de ce passage, le fil s'échauffe, il y a production de chaleur ; aussitôt que le courant cesse de passer, la chaleur cesse de se produire ; le fil se refroidit peu à peu pour ne se réchauffer que si le courant recommence à passer. Cet échauffement est proportionnel à la résistance du fil et au carré de l'intensité du courant : $P = R\,I^2 \times 0.42$ en calories grammedegré.

Si le courant passe dans une solution d'un sel métallique, il produit une action chimique; le sel est décomposé en quantité proportionnelle à l'intensité du courant. Aussitôt que le courant cesse de passer, la décomposition chimique cesse aussi.

Si le courant s'enroule autour d'un barreau de fer doux, il l'aimante, c'est-à-dire qu'il lui donne la propriété d'attirer le fer, et en général les substances qu'on appelle magnétiques, telles que le manganèse, le cobalt, etc. Je ne parle plus de proportionnalité ici, car la loi est plus compliquée ; un nouveau phénomène intervient, la *saturation*. Mais, comme ce n'est pas cela qui nous intéresse pour le moment, ne fais que le mentionner. La loi d'aimantation est très intéressante et donne la clef d'autres phénomènes ; mais dans un travail aussi restreint que celui-ci, je ne peux pas analyser toutes les analogies.

Donc, le fer doux reste aimanté pendant tout le temps que le courant passe, et revient à l'état naturel aussitôt que le courant cesse. Je ne tiens pas compte de l'hystérésis, qui, pratiquement, peut ne pas même être perceptible.

Mais si, au lieu d'un barreau de fer doux, je prends un barreau d'acier, au lieu d'un aimant temporaire, j'obtiens un aimant permanent.

C'est ici que nous avons quelque chose d'absolument remarquable : il a passé exactement la même quantité d'électricité dans les deux cas ; et pourtant, dans le premier cas, le courant a produit une aimantation passagère, ne durant pas plus que lui ; dans le second cas, il se survit pour ainsi dire : le barreau d'acier conserve indéfiniment la propriété d'attirer le fer.

On explique ce phénomène en physique en disant que l'acier possède une force coercitive qui lui fait conserver l'aimantation une fois qu'il l'a acquise. Certainement, c'est très clair ; l'opium fait dormir parce qu'il y a en lui une force dormitive, *quia est in illo virtus dormitiva.*

N'abandonnons pas encore notre barreau d'acier. Il est un centre de force, et un centre inépuisable. En effet, non seulement chaque fois que j'en approche un morceau de fer, il l'attire : mais chaque fois que je le mets en mouvement dans le voisinage d'un fil de cuivre, d'un fil conducteur en général, il y développe un courant électrique. Il peut, par ce procédé, sans perdre une parcelle de sa puissance, produire des quantités indéfinies d'électricité. Ainsi, une faible quantité d'électricité a pu communiquer à l'acier la propriété de donner naissance à d'immenses quantités d'électricité.

Les physiciens me répondront que ce n'est pas l'aimant qui produit l'électricité, c'est le mouvement qui est ainsi transformé. Je le veux bien, mais qu'ils essaient de faire mouvoir leur fil de cuivre devant du fer non aimanté, ils savent bien qu'ils n'obtiendront rien.

Il en est de même pour les idées qui sont émises par la parole et qui produisent des larves qui ont immédiatement épuisé leur action, ou bien par l'écriture qui fixe les larves à l'état de centres de forces prêts à produire, par réversibilité, des larves semblables aux premières, autant de fois qu'on le voudra. Le mouvement du fil devant l'aimant est ici représenté par le mouvement de l'attention, la lecture qui est bien un mouvement de l'esprit devant le centre de force, l'écriture.

La parole, véhicule de l'énergie mentale, sentimentale et cinétique, porte les larves que je génère en moi par ma pensée, dans les oreilles de ceux qui sont à portée de ma voix, et ces larves y sont dissoutes en y épuisant la somme d'énergie dont elles sont chargées.

L'écriture, substance transformante, fait subir aux larves que ma pensée génère, un travail de transformation analogue à celui que l'acier fait subir au courant électrique. Elle est un centre de force, comme l'aimant est un centre de force, inépuisable dans les deux cas. Elle reproduit par la lecture les larves qui lui ont donné naissance, comme l'aimant reproduit par le mouvement le courant qui lui a donné naissance.

Nous pourrions pousser les analogies plus loin, mais je pense en avoir assez dit pour bien faire comprendre mon idée. La pensée engendre des larves capables de produire des effets variés, comme la force électro-motrice produit un courant capable de produire des effets variés.

Ces larves sont transmises à des oreilles où elles épuisent leur effet, comme le courant est transmis à une substance chimique où il épuise son effet, ou bien ces larves sont transmises à l'écriture où elles se transforment en centres générateurs d'autres larves à l'infini, comme le courant est transmis à l'acier, dans lequel il se transforme en centre générateur d'autres courants à l'infini.

Dans ces phénomènes de transformation, de fixation et de vitalisation potentielle, vous avez encore l'explication des amulettes, des talismans et des enchaînements d'esprits. Vous vous rappelez Paracelse, qui avait un esprit enfermé dans le pommeau de sa canne ; la lampe d'Aladin dans les Mille et Une Nuits. Tout n'est pas légende dans ces récits.

Dès les débuts de l'introduction du spiritisme en France, Eugène Nus avait bien vu que l'explication simpliste des spirites n'était pas suffisante. Les esprits viennent sous l'influence du médium et utilisent son fluide pour produire les phénomènes. Cela n'explique rien, et surtout cela jure avec ce fait d'observation constante que les communications sont, la plupart du temps, ce que le médium et son entourage auraient pu donner. Souvent même, on y trouve la marque du médium, évidente et unique ; tandis que d'autres fois on obtient des communications visiblement étrangères aux possibilités de l'assistance.

Il imagina alors la formation d'un être formé des fluides de tous les assistants, se condensant en un tout qu'il appelait une *entité collective*, entité qui n'avait qu'une durée éphémère et cessait d'exister après la clôture de la séance ; mais cette entité, participant à la substance de tous les assistants, synthétisait leurs pensées, et pouvait répondre aux questions selon les connaissances de la totalité des assistants.

Cette explication ne pouvait être que provisoire; elle laissait de côté tout ce qui concerne les phénomènes physiques et les communications qui dépassaient les connaissances des assistants. Seulement, on pouvait admettre que cette entité, qui après tout était invisible, soit douée de propriétés du genre somnambulique, et soit capable de développer une certaine lucidité. On connaissait alors très bien la lucidité magnétique, et l'on savait qu'un somnambule peut parfois dire des choses que personne ne sait autour de lui, et même faire des prédictions.

Eugène Nus était bien près de la vérité, mais il ne la tenait pas encore. Aujourd'hui, du reste, on discute toujours sur la cause des phénomènes spirites et sur leur explication. J'espère qu'à l'aide des Égrégores, nous y verrons plus clair.

L'entité collective, qui est parfaitement réelle, se forme toutes les fois que plusieurs personnes sont réunies pour discuter une action commune. Il se forme ainsi une multitude de larves qui sont distinctes tant que dure la discussion, et qui s'agglomèrent quand tout le monde est d'accord et que le contrat est conclu. C'est ce que Prentice Mulford a très bien vu et décrit dans son livre intitulé *Vos Forces* ; il ne nomme pas l'entité collective, mais c'est bien elle qu'il décrit.

Maintenant, avant d'aller plus loin, disons quelques mots pour compléter l'histoire des larves.

Les Larves sont de diverses sortes; celles qu'on désigne plus spécialement par ce nom ne contiennent qu'une masse un peu confuse de matière astrale et de matière kamique ; le tout est le siège d'un mouvement ondulatoire correspondant à l'idée et à la volonté émises. Il suffit d'une seule personne pour créer une larve.

Quand une larve a pris naissance, elle se détache de son ou de ses créateurs et est portée à sa destination, soit par la parole, soit par une simple émission, une sorte de rayonnement, soit par des êtres spéciaux que je vous ai décrits dans une autre leçon, sous le nom de petits messagers.

Je ne parle actuellement que des larves qui sont créées dans un but magique, pour exercer une action bénéficiente ou maléficiente sur autrui.

Cette larve va s'incorporer à la personne pour ou contre laquelle elle a été élaborée ; elle lui communique l'état ondulatoire dont elle est animée, et, selon sa puissance, est résorbée ou se nourrit aux dépens de son bénéficiaire ou de sa victime, s'entretient ainsi et produit des résultats divers : impulsions, maladies, etc. Ce qui se passe ainsi dans les plans invisibles est analogue à ce qui se passe pour les microbes dans le plan physique.

Mais il y a des larves plus complètes, pouvant être générées par une seule personne ou par une collectivité, qu'on appelle élémentals kama-manasiques, parce qu'elles contiennent une pensée, de la matière manasique vivante. Quand un pareil élémental provient de la collaboration d'une collectivité, elle est l'entité collective d'Eugène Nus ; on peut l'appeler aussi un élémental kama-manasique collectif.

L'entité collective, la seule qu'ait entrevue Prentice Mulford, est déjà une puissance sérieuse, avec laquelle on est obligé de compter. Elle participe à la pensée, à la volonté et à la force de chacun de ses générateurs, auxquels elle reste liée et chez lesquels elle prend sa nourriture.

Elle rayonne ensuite au loin, et agit sur le monde extérieur à la manière d'une collection de larves. Par son moyen, on peut obtenir des résultats sérieux.

Ainsi, vous voyez bien la différence : la larve simple, composée en grande partie de substance astrale, produit son effet sur une seule personne et se nourrit à ses dépens, ou bien est résorbée ; tandis que l'élémental kama-manasique, simple ou composé, continue à recevoir sa nourriture de son ou ses générateurs, et rayonne alentour pour agir sur une ou plusieurs personnes.

Enfin, si à cette entité collective vient s'adjoindre un Esprit puissant qui la dirige et qui attire en elle un surcroît de matière invisible et de force, elle devient un Egrégore. Sa puissance est beaucoup plus grande ; elle est proportionnelle à celle de l'Esprit directeur, au nombre des générateurs et à leur énergie.

Il y a deux types d'Egrégores : les Egrégores ascendants ou provoqués par les hommes, les Egrégores descendants ou provoqués par les Esprits eux-mêmes.

Pour les Egrégores ascendants, les hommes se réunissent, forment entre eux un élémental kama-manasique collectif, et commencent à marcher sous son impulsion. Quelquefois ils demandent l'aide d'une puissance invisible, c'est ce qu'on appelle un *sub invocatione ;* d'autres fois, une puissance invisible, sans y avoir été invitée, trouve l'entreprise de son goût et vient s'y associer.

Dans le cas de *sub invocatione,* la puissance invoquée vient ou ne vient pas apporter son concours. Si l'entreprise est mal conçue, n'a aucune valeur, s'applique à des choses sans importance d'aucune sorte, aucune puissance ne vient ; l'élémental collectif reste à l'état d'élémental et finit par se dissoudre et disparaître. C'est un ovule qui n'est pas fécondé et qui périt, après avoir produit quelques effets plutôt mauvais. Si l'entreprise agrée à la puissance invoquée, elle vient à l'appel et féconde l'ovule. Elle dirige alors les opérations et tout marche à souhait. Si enfin l'entreprise ne plaît pas à la puissance invoquée, mais plaît à une autre puissance, c'est cette dernière qui vient et fait marcher l'entreprise, quelquefois dans un tout autre sens que celui pour lequel avait été formée l'entité collective. On peut avoir ainsi bien des mécomptes.

Souvent, les hommes s'associent pour une entreprise,et ne pensent même pas à demander l'aide de l'invisible. Il se forme alors, même à leur insu, une entité collective à l'aide de laquelle ils peuvent marcher et réussir. Mais il arrive quelquefois qu'une puissance sur laquelle on ne compte pas, vienne s'y adjoindre sans y avoir été invitée. Cela peut être une puissance sympathique à l'entreprise, et alors tout marchera bien ; mais cela peut être une puissance adverse, qui alors embrouille les choses, donne de mauvaises directions, suscite des traîtres et fait manquer l'entreprise.

C'est ainsi qu'il arrive qu'une entreprise réussit bien, marche avec succès pendant un certain temps, puis se met à péricliter sans qu'on puisse savoir pourquoi. Cette entreprise gêne un autre groupe ou excite sa jalousie. Ce groupe se trouve sous la direction d'un Égrégore qui veille et signale le danger ou la proie à saisir. Une puissance déléguée vient profiter de ce que l'entité collective redoutée ou convoitée n'est pas égrégorisée, et s'empare de la place vacante, où il exécute son œuvre dissolvante.

La même chose peut arriver, si l'entité collective, sans gêner personne sur le plan physique, gêne pourtant une puissance invisible.

Cela constitue un danger pour toutes les entreprises qui n'ont pas été mises sous une protection quelconque.

Pour les Egrégores descendants, les Esprits viennent eux-mêmes solliciter les hommes à se grouper pour former leur base d'appui sur le plan physique. Généralement, la puissance qui veut exercer une action parmi les hommes cherche un homme qui puisse lui être dévoué ; quand elle l'a trouvé, elle le dirige et lui donne les moyens de grouper les adhérents pour leur faire créer l'entité collective qu'elle viendra ensuite féconder.

Il y a, parmi tous ces types, des Egrégores minimes, d'une puissance bien limitée ; il y en a d'une grande puissance, quelques-uns même d'une puissance formidable.

Les larves simples peuvent elles-mêmes, dans certaines circonstances, dans les sortilèges par exemple, devenir des sortes d'Egrégores minuscules par l'adjonction d'esprits élémentaires, relativement peu puissants, mais capables pourtant de communiquer à la larve une efficacité souvent redoutable.Ces sortes d'esprits sont esclaves de leurs maîtres c'est-à-dire de ceux qui leur ont fourni les moyens de vivre dans les plans inférieurs et dans la partie éthérique du plan physique.

Seulement, ces larves égrégorisées sont beaucoup plus dangereuses que les larves simples. Dans celles-ci, il n'y a rien d'étranger à celui qui les a émises ; si elles ne peuvent pas atteindre le destinataire avec efficacité, elles disparaissent, et c'est tout. Tandis que les larves égrégorisées ont une certaine indépendance ; les esprits, de quelque nature qu'ils soient, demandent à vivre. Si le destinataire est rebelle, ou si une protection l'empêche d'être entamé, la larve retourne sur celui qui l'a émise et vit à ses dépens. Il peut en résulter pour lui des accidents et des inconvénients très graves.Si, au lieu d'une larve égrégorisée, il y en a plusieurs, c'est la mort à peu près certaine, surtout quand ces larves sont la conséquence de ce qu'on appelle un envoûtement de mort ou un envoûtement à la mort.

Les Egrégores proprement dits, de quelque type qu'ils soient, ascendants ou descendants, ont une naissance, une enfance, un âge adulte, une vieillesse, une décrépitude et une mort. Mais la durée en est aussi variable que pour la vie humaine. Un Egrégore peut naître et mourir sans pour ainsi dire avoir vécu, vivre un temps plus ou moins long, mourir dans la force de l'âge, avec ou sans maladie, comme il peut s'éteindre doucement dans une vieillesse avancée. Seulement, la vie d'un Egrégore peut se prolonger pendant des siècles et des siècles, en conservant toute sa force. Tel est le cas de l'Egrégore Christique, qui vivra jusqu'à la consommation des siècles.

L'Egrégore, une fois formé, entre en action et ne chôme pas ; il veille toujours, et c'est en cela qu'il mérite son nom.Son action consiste en avertissements,commandements directions et combats.L'Egrégore avertit les hommes qui contribuent à l'entretien de sa vie, il les met au courant des dangers qui peuvent les menacer,et leur donne des conseils pour les éviter ; il leur donne aussi des renseignements pour l'action qui leur incombe. Il commande à un nombre variable d'esprits, quelquefois à des multitudes, qui exécutent, chacun selon sa spécialité,les opérations nécessaires, dans l'invisible. Il dirige toutes ces actions complexes et combat les puissances adverses,telles qu'Egrégores opposés, puissances isolées ou coalisées.Ces combats sont quelquefois acharnés.

Vous pourriez me demander en quoi consistent ces combats. Pour le voyant, ils ont l'apparence de soldats qui se ruent les uns contre les autres, d'êtres bizarres, fantastiques qui se portent des coups, se blessent et se tuent. Les armées gagnent ou perdent du terrain, sous la conduite de chefs qui les commandent, le tout sous la direction suprême de l'Esprit, âme de l'Egrégore.

Ne croyez pas qu'il n'y ait là qu'une simple apparence. Nous avons des exemples de blessures du même ordre dans nos corps invisibles, blessures qui retentissent jusque dans notre corps physique. Ces blessures, nous les appelons même par leur nom : nous connaissons les blessures d'amour-propre, les paroles blessantes, etc.

On me dira que ce sont de simples expressions, qu'il ne faut pas prendre des figures de rhétorique, des images pour des expressions de vérités objectives.

Cela arrive en effet quelquefois; seulement, soyez attentifs et vous aurez bientôt fait de vous apercevoir que tout notre langage est constitué par une série d'images. Quand ces images sont bien appropriées, quand elles correspondent à des réalités, le langage est clair, précis, et on l'écoute tout naturellement, comme le véhicule des idées. Quand, au contraire, les imags sont forcées, ne correspondent à aucune réalité, on est choqué, on le trouve de mauvais goût, maladroit, et on l'appelle un langage ampoulé.

Quand Marie Alacoque dit qu'elle regarde la pauvreté et la souffrance comme des mets délicieux, il y a quelque chose qui choque, l'image n'est pas juste, c'est du style affecté, qui ne répond à aucune réalité. Quant à toutes ses divagations sur le sacré Cœur, ce n'est qu'un bafouillage qui choque le bon goût et dont il est inutile de parler.

Mais, si je dis que telle personne a déversé sur telle autre un torrent d'injures, ma figure est juste ; elle correspond à une réalité, et tout le monde comprend une pareille expression.

Ce qu'on appelle une blessure d'amour-propre représente bien une souffrance qui affecte les corps invisibles, leur donne une sensation de blessure et retentit sur le corps physique sous forme de contraction douloureuse dans la poitrine. Une parole blessante fait ressentir une douleur subite, très ressemblante à celle que ferait ressentir une blessure. Une mauvaise nouvelle vous porte un coup, et on dit : J'ai reçu un coup, j'en suis tout étourdi ; j'ai reçu un coup au cœur.

Et tout cela est tellement vrai que, de ces coups et de ces blessures, non seulement on souffre, mais on peut mourir.

De la mort des corps invisibles, je ne vous dirai pas grand' chose ; il faut être très habitué aux phénomènes de l'invisible pour constater et comprendre cela. Cependant, vous dites bien que telle déception a tué en vous tout sentiment ; c'est encore une image très juste, car elle n'est même plus une image, mais bel et bien un fait. Mais, s'il est quelquefois difficile de constater les blessures graves et la mort d'un corps invisible, il n'en est pas de même du corps physique, et vous connaissez tous des exemples de mort rapide ou lente, sous le coup d'une blessure du genre de celles dont je viens de vous parler.

Ne soyez donc pas étonnés quand je vous parle des combats égrégoriques et des morts et des blessés qui en proviennent (1).

(1) A propos de ces blessures de combattants invisibles, nous trouvons dans l'*Iliade* un document très intéressant, qui prouve que les Anciens connaissaient parfaitement cette particularité ; le passage se trouve dans le cinquième chant : « Ce héros (Diomède) armé de l'airain cruel, poursuivait Cypris ; il ne voyait en elle qu'une divinité timide, et non une de ces déesses qui président aux combats des mortels, telle que Minerve ou

Vous pourriez encore me demander ce que deviennent les morts de cette sorte-là. Pour les blessés, c'est bien simple : ils guérissent et continuent à vaquer à leurs occupations. Mais les morts ?

Il n'y a là aucune difficulté. Quand nous mourons sur le plan physique, le corps physique, hors d'usage, est abandonné; l'âme et tous les autres corps passent sur le plan suivant, dans lequel meurt plus tard le corps correspondant à ce plan ; l'âme et les autres corps passent dans le troisième plan, et ainsi de suite, jusqu'à la réincarnation.

Il en est de même des combattants invisibles dont nous parlons. Vous vous rappelez que c'est dans le plan astral moyen qu'ont lieu tous ces combats ; les combattants possèdent donc un corps astral moyen, qu'ils sont destinés à perdre tôt ou tard. Leur mort est donc simplement la privation de leur corps astral moyen, mis hors de service par les blessures qu'il a reçues, et, par conséquent, l'impossibilité de combattre, de continuer la lutte; car la lutte ne peut avoir lieu que dans le plan astral moyen. Il y a bien des luttes dans les autres plans, mais elles sont d'un autre ordre, et je n'ai pas à en parler maintenant.

la formidable Bellone. Lorsque, courant au milieu des rangs troyens, il l'eut atteinte, le fils audacieux de Tydée s'élance, pousse son javelot et blesse légèrement la tendre main de Vénus; le javelot pénètre à travers le voile divin qu'avaient tissu les Grâces et lui effleure la peau. A l'instant coule le sang immortel de la déesse, pure vapeur, telle que coule le sang des dieux fortunés qui ne se nourissent pas des fruits de Cérès, ni ne s'abreuvent de la liqueur enflammée du dieu des vendanges; aussi leur sang est-il incorruptible et sont-ils immortels. Vénus jette un cri perçant et laisse tomber son fils de ses bras; Apollon l'enlève et l'environne d'un épais nuage pour le dérober aux traits des Grecs et à la mort. »

Vénus va se plaindre à Dioné, qui lui dit : « Supporte ce malheur, ma fille, et triomphe de ta tristesse. Nous, qui habitons l'Olympe, nous avons plus d'une fois éprouvé l'audace des mortels, que nous-mêmes, armés les uns contre les autres, poussons à de semblables attentats... Junon n'eut pas moins à souffrir, quand l'invincible fils d'Amphitryon lui blessa le sein d'une flèche terrible...

Ceux qui ont été tués dans le plan astral moyen ont des destinées diverses : quelques-uns passent dans le plan astral supérieur, puis dans le plan kamique ; d'autres séjournent peu dans l'astral supérieur et se réincarnent dans l'astral moyen. Mais cela demande du temps et ne change pas beaucoup les conditions du combat, car ils sont quelque temps sans pouvoir y reprendre part.

Maintenant que vous connaissez le mécanisme de l'action égrégorique, vous comprendrez facilement ce qui se passe actuellement.

L'empire romain avait un Egrégore très puissant, un peu vieilli, mais encore plein de force. En lui infusant un sang jeune et vigoureux, on pouvait le faire revivre, et non seulement lui rendre toute sa force, mais le rendre encore plus puissant qu'il n'avait jamais été.

En face de lui se dressait l'Egrégore épiscopal, encore jeune, mais toujours grandissant, qui était doué d'une vitalité énorme.

Ces deux Egrégores, qui jusque-là s'étaient toujours combattus, ont fini par se rapprocher et marcher ensemble à la conquête du monde.

L'Egrégore impérial romain, que, par abréviation, j'appelle l'Egrégore impérial, voyait avec inquiétude grandir l'Egrégore épiscopal judéo-chrétien, que, par abréviation aussi, j'appelle l'Egrégore épiscopal. Toutes les persécutions qui remplissent l'histoire du IIe et surtout du IIIe et du commencement, de l'aurore plutôt du IVe siècle, ne sont que les résultats matérialisés sur le plan physique des tentatives de l'Egrégore impérial pour arrêter le développement du jeune Egrégore grandissant, et l'étouffer avant qu'il ait pris un développement suffisant pour devenir réellement dangereux.

Tout cela n'aurait pas eu lieu si les hommes formant le corps physique de l'Egrégore chrétien qui naissait n'avaient pas repoussé les dieux qui s'offraient à se soumettre au Christ et à s'incorporer dans son Egrégore. L'Egrégore chrétien s'était alors scindé en deux Egrégores : l'Egrégore Christique, qui est éternel, impassible et dévoué à l'humanité, et l'Egrégore épiscopal, qui s'éloignait de plus en plus du Christ vrai et devenait judéo-chrétien. Je vous ai expliqué tout cela dans mes leçons du dimanche.

On dit souvent que les persécutions vont à l'encontre du but qu'on se propose ; le parti persécuté puise de nouvelles forces dans la persécution. Cela n'est pas vrai, du moins compris de cette façon.

Les persécutions et le sang versé devaient fatalement affaiblir et détruire l'Egrégore qui en était la victime ; nous en avons de nombreux exemples dans l'histoire.

Mais lisez attentivement l'histoire des martyrs, vous verrez que, parmi eux, il y en avait beaucoup qui dépendaient de l'Egrégore Christique et non de l'Egrégore épiscopal. Parmi ceux qui dépendaient de ce dernier, il y avait des fanatiques qui mouraient en bravant leurs bourreaux. Ce n'est plus un massacre, cela, ce n'est plus une persécution ; c'est une lutte, c'est un combat. Du reste, l'Egrégore Christique secourait son congénère, et il le fallait, car la défaite de l'Egrégore Episcopal donnait au Christianisme une orientation qu'il fallait éviter. Il y a eu là quelque chose d'analogue à ce que nous appelons aujourd'hui une coalition de partis.

L'Egrégore impérial, las de la lutte, et voyant qu'il finirait par être écrasé, préféra faire des avances à son adversaire.

Il ne fut pas long à s'apercevoir que son nouvel allié était ambitieux et profitait des nouvelles forces qu'il lui avait apportées pour l'absorber lui-même et le dominer. Il rompit le pacte et recommença la guerre. Mais cela fut de courte durée, l'Egrégore Christique vint encore au secours de l'Egrégore Episcopal ; Julien mourut en proclamant la défaite de l'Empire : Tu as vaincu, Galiléen !

Ah ! Julien était un initié, il avait vu clair ; il attribuait bien sa défaite à son véritable vainqueur.

A partir de là, l'Empire marcha lamentablement à la suite de l'Episcopat. L'Egrégore Episcopal n'a pas étouffé l'Egrégore Impérial ; bien loin de là, il l'a maintenu en force sous sa dépendance et est devenu l'Egrégore Episcopo-Impérial, le formidable Egrégore qui en est arrivé aujourd'hui à mettre en péril l'existence même de la société moderne et à compromettre notre évolution.

Dans les grandes circonstances, quand le plan général de la Providence est menacé, quand le moment est devenu critique, Dieu intervient. C'est pour cela que la condamnation est prononcée.

Quand pareille chose arrive, le Monde est ébranlé, l'Adversaire mobilise toutes ses forces, et les prodiges commencent à se produire concurremment avec les catastrophes et les cataclysmes.

Le clergé, qui n'y comprend rien, tonne du haut de la chaire, et déclare que les vengeances de Dieu sont terribles ; il se figure béatement que tous les ravages de l'Adversaire sont les foudres du Seigneur, qui châtie et se venge. Il est heureux; il se dilate la rate en pensant à tous les malheurs qui fondent et continuent à fondre sur les malheureuses victimes, qu'il déclare être des suppôts de Satan et des ennemis de la Religion.

A chaque avertissement qui lui est donné, à chacune de ses défaites, il prend un air imposant et proclame que le Christ a promis la pérennité à son Eglise et qu'il tiendra ses promesses : Les portes de l'enfer ne prévaudront pas contre elle. Sans doute, cela est la pure vérité ; seulement, il faut savoir de quel côté elle est, l'Église. Jésus, qui n'a connu aucun clergé, n'a pas promis la pérennité à ceux qui se sont emparés de l'Église et en ont éloigné les fidèles. C'est justement pour sauver son Eglise que le clergé opprime, qu'il a condamné cette institution. Oui, certainement, l'Église vivra ; mais vous, vous disparaîtrez, et vous ne pourrez plus la mettre en péril. Vous prétendez avoir les promesses ; c'est nous qui les avons, nous tous qui aimons le Christ et cherchons à suivre son enseignement, malgré toutes vos persécutions, nous qui sommes restés raisonnables malgré toute votre magie et tous vos germes de folie, nous enfin, les vrais fidèles, non à vous, mais au Christ, nous qui sommes l'Eglise, la véritable Église, ce que vous ne pouvez pas nier, puisque vous êtes obligés de convenir que l'Église c'est la réunion de *tous* les fidèles.

Quant à vous, nous ne vous excluons pas de l'Église ; l'Église est *tous* les fidèles, nous ne prétendons excommunier personne. Jésus veut nous attirer tous à lui ; il rend ses comptes à son Père en lui disant qu'il n'a pas perdu un seul de ceux qu'il lui avait donnés. Nous, ses admirateurs, ses adorateurs, qui nous efforçons de l'imiter, nous ne voudrions pas désirer la perte d'un seul de ceux que le Père lui a donnés. Mais entendons-nous bien : vous êtes des hommes, et ce sont les hommes que vous êtes que nous voulons voir rester dans l'Eglise ; mais le cléricalisme oppresseur, non, nous n'en voulons pas. Nous ne considérons pas comme faisant partie de l'Église les prêtres, mais les hommes qui ont le malheur d'avoir subi la déformation sacerdotale.

A l'Egrégore ascendant est venu s'opposer un Egrégore descendant. Une douce et belle figure est venue à nous, a fait toutes les tentatives dont je vous ai parlé, et finalement, a vu qu'il n'y avait pas moyen de dessiller les yeux des hommes. Elle a alors préparé l'Egrégore de combat.

Cette préparation a été rapide, mais pénible, fatigante et douloureuse. J'ai vu certains jours... Mais ne multiplions pas les détails. Vous comprenez bien que l'Adversaire ne pouvait plus se faire aucune illusion ; il a voulu porter au moins de derniers coups avant de succomber.

Ceux d'entre vous qui me suivent depuis plusieurs années ont assisté aux diverses phases de la lutte ; j'ai fait ressortir devant eux la signification des événements et des catastrophes, généralement avant leur accomplissement. Notre tâche n'est pas finie ; il nous reste maintenant à défendre les positions que nous avons conquises.

La mission de sainte Philomène vient de prendre fin ; mais, rassurez-vous, cela ne veut pas dire qu'elle abandonne ceux qui ont confiance en elle.

La France a couru de grands dangers ; le monde a été menacé d'un recul de plusieurs siècles : c'est fini, tout danger sérieux est passé. Quand Dieu intervient dans la marche du monde, il ne pousse jamais son intervention jusqu'à l'accomplissement total de son dessein ; quand les choses sont en bonne voie, quand il n'y a plus d'obstacles insurmontables, il laisse aux hommes le soin de terminer le travail.

C'est ainsi que Jeanne d'Arc a conduit la France jusqu'au sacre du roi à Reims ; puis, ce sont les Français qui ont terminé à la longue la récupération de leur territoire.

C'est là que nous en sommes aujourd'hui. Sainte Philomène a remporté la victoire, le grand Egrégore est blessé à mort ; c'est à nous de parachever l'œuvre en luttant contre ses dernières convulsions, qui peuvent encore occasionner des dégâts, mais qui ne pourront plus compromettre notre victoire.

Sainte Philomène se retire de la lutte, mais elle n'oublie pas pour cela ses amis. Vous pourrez donc continuer à l'aimer et à la prier; elle vous aidera dans cette vie, et, après votre mort, elle vous fera traverser en sécurité le gouffre, le grand tourbillon astral, le serpent de feu.

Quant à la Religion, personne ne la menace, non seulement elle sortira saine et sauve de toutes ces épreuves, mais elle en sera confortée. Délivrée de ses exploiteurs et de ses oppresseurs, elle pourra enfin s'épanouir en toute liberté, ce qui lui permettra de porter ses fruits, fruits autrement doux que vous ne pourriez le supposer en voyant comment elle est comprise par ceux qui ont assumé la tâche de l'enseigner.

La Religion ne peut vivre que dans la liberté. Tant que l'homme sera régenté dans sa marche vers Dieu, tant que son esprit sera opprimé par les dogmes, tant que sa raison ne pourra pas prendre son libre essor, tant qu'elle ne pourra pas se débarrasser des liens de la scolastique, qui n'est qu'un verbiage vain et un ergotage, tant qu'il y aura des traditions et des opinions prétendument *autorisées*, s'imposant aux hommes pour les empêcher, non seulement d'agir, mais même de penser comme ils veulent, l'esprit religieux dormira dans nos cœurs, où il restera comme mort.

Mais le triomphe du Christ est proche, et la *Liberté* vient avec lui :

...καὶ γνώσεσθε τὴν ἀλήθειαν, καὶ ἡ ἀλήθεια ἐλευθερώσει ὑμᾶς (Jean, VIII, 32.)

Et vous connaîtrez la vérité, et la vérité vous rendra libres.

Paul dit de son côté :

Ὁ δὲ Κύριος τὸ πνεῦμά ἐστιν· οὗ δὲ τὸ Πνεῦμα Κυρίου, ἐκεῖ ἐλευθερία.

Le Seigneur est esprit, et où est l'esprit du Seigneur, il y a la liberté.

CONCLUSION

Ce qui ressort de tout ce que je vous ai dit, ce n'est pas la *guerre religieuse*, ce n'est même pas une des formes du cri : A bas la calotte ! Bien loin de là, je suis le premier à proclamer qu'un clergé qui serait à la hauteur de sa mission serait une vraie bénédiction du Ciel.

Jésus n'a pas institué de clergé, mais il voulait qu'il y ait des Apôtres, c'est-à-dire des hommes qui se dévouent pour enseigner sa doctrine et l'expliquer au besoin. Apôtre ne veut dire ni prêtre, ni directeur, ni chargé d'un culte; ce mot veut dire uniquement *envoyé*, ἀπόστολος, de ἀποστέλλω envoyer, députer, charger d'une commission.

Jésus avait trois sortes d'auditeurs: les ἀπόστολοι, les μαθηταί et les ὄχλοι ; les apôtres ,les disciples et les foules. Μαθητής est le même mot que *discipulus* en latin, c'est celui qui apprend. Les Apôtres étaient au nombre de douze; ils étaient chargés, non pas de former un clergé, mais de transmettre la doctrine : Allez et enseignez toutes les nations. Parmi les disciples, Jésus en avait aussi choisi 72 qu'il envoyait prêcher le royaume.

Les douze Apôtres ont bien été le noyau de prédications d'où sont sortis tous les autres missionnaires (ne pas confondre avec missionnés) ; mais on ne voit nulle part que les chefs des Eglises, de plus en plus nombreuses, aient été institués par les Apôtres ou leurs représentants. Dans chaque groupe de chrétiens, qui se réunissaient où ils pouvaient, souvent dans la chambre de l'un d'eux, on se choisissait un président, autant que possible instruit dans la doctrine, et on lui donnait le nom en usage à cette époque : un *ancien*, πρέσβυς, vieillard, ancien du peuple, sénateur ; au comparatif, πρεσβύτερος, plus ancien, vénérable. Ce mot a formé *presbytre*, qui a été longtemps en usage et a fini par dégénérer en *prêtre*.

Le presbytre ne tenait pas sa fonction d'une transmission de pouvoirs, qui lui auraient été conférés par les apôtres ou leurs représentants ; en un mot, ils n'avaient reçu aucune *ordination*, aucun sacrement ; ils provenaient uniquement de l'élection.

Or cela a duré longtemps, et il est arrivé ce qui devait arriver : les Églises se multipliant, les presbytres se sont multipliés, et ils étaient très éloignés les uns des autres, ce qui les mettait dans l'impossibilité de s'entendre entre eux, de sorte qu'il vint un moment où l'enseignement différait sensiblement d'une Église à une autre, suivant les diverses traditions qui leur étaient parvenues.

C'est alors que les presbytres instruits comprirent qu'il serait bon de visiter les diverses Églises et de faire en sorte que l'enseignement soit le même partout. Pour arriver à ce but, un grand nombre de presbytres s'assemblèrent et nommèrent parmi eux un certain nombre de *surveillants*, ἐπίσκοποι, *inspecteurs*, qui étaient chargés d'inspecter les diverses Églises et de rectifier leurs écarts de doctrine. Cette doctrine qui a été l'orthodoxie de cette époque, ὀρθοδοξία de ὀρθός, droit, juste, et δόξα, croyance, a été rédigée en un petit livre, la *Regula Fidei*. Il y eut aussi un autre ouvrage qui nous renseigne sur les croyances de ces premiers temps, la διδαχὴ τῶν δώδεκα ἀποστόλων, l'enseignement des douze Apôtres.

Ces inspecteurs, ἐπίσκοποι sont les futurs évêques, qui devaient bientôt prendre une si grande importance, et qui, au début, ne sont que de simples délégués.

Les Chrétiens, devenant de plus en plus nombreux, se sont organisés en diocèses, διοίκησις, gouvernement, διά, à travers, entre, parmi οἶκοι les maisons; et paroisses, παροικία, réunion d'habitations voisines, παρά, auprès de οἶκοι, maisons. Les paroisses étaient administrées par les presbytres, et les diocèses étaient la réunion des paroisses qui étaient sous la juridiction des évêques. C'est ce qui dure encore aujourd'hui.

Comme on le voit, il n'y a rien là que d'administratif ; c'est une organisation purement humaine, n'ayant rien à voir avec l'enseignement du Christ.

Beaucoup plus tard, les diocèses ont pris une importance de premier ordre : on avait déjà depuis longtemps distingué les Églises apostoliques, c'est-à-dire fondées par des apôtres, des autres Églises, et on leur donnait une prééminence marquée. Mais l'Évêque de Rome, l'un des sièges apostoliques, éleva la prétention d'être au-dessus de tous les autres évêques, cela tardivement, je le répète ; car, dans les premiers temps, c'est à peine si on le connaît, et au concile de Nicée, l'évêque de Rome n'assistait ni n'était représenté, quoique l'on prétende que le vieil évêque espagnol Osius ait été son mandataire.

La prétention de l'évêque de Rome était basée sur ce fait que l'Église de Rome avait été fondée par Pierre, le prince des Apôtres. Nous allons examiner tout à l'heure ce que vaut cette prétention ; mais auparavant disons tout de suite que les autres Églises apostoliques n'acceptèrent pas cette vassalité, et le schisme de Photius mit fin à toute discussion.

Or il est à peu près prouvé que Pierre n'a jamais mis le pied à Rome ; mais, si l'on veut admettre comme vrai le séjour de Pierre à Rome, rien n'indique qu'il y ait fondé une Eglise. Il n'en est pas de même de Paul : on sait qu'il y a été et qu'il y est mort. Les légendaires racontent alors que Pierre et Paul se sont réconciliés à Rome et y ont fondé l'Église de concert, de sorte qu'elle serait doublement apostolique.

Eh bien, admettons tout cela. Pourquoi donner aux successeurs de Pierre une suprématie que Jésus n'avait pas donnée à Pierre lui-même ? Peut-on dire que Jésus aimait Pierre plus que les autres ? Non, puisque c'est de Jean qu'il est dit : Le disciple que Jésus aimait. Quand Jésus se transfigure, ce n'est pas devant le seul Pierre, mais devant Pierre, Jacques et Jean. Il n'y a donc que ces trois passages dans lesquels Pierre est mis à part et paraisse recevoir une suprématie : Pierre reconnaît Jésus pour le Messie, et Jésus lui dit : « Tu es bienheureux, Simon, fils de Jean, parce que ce n'est point la chair ni le sang qui t'ont révélé ceci, mais mon Père qui est dans les cieux. Et moi aussi, je te dis que tu es Pierre et que sur cette pierre je bâtirai mon Eglise, et les portes de l'enfer ne prévaudront point contre elle. Et je te donnerai les clefs du royaume des cieux, et tout ce que tu lieras sur la terre sera aussi lié dans les cieux ; et tout ce que tu délieras sur la terre sera aussi délié dans les cieux. » (Matth., XVI, 17-19.)

Le second passage vient après la cène et l'institution de l'Eucharistie, au moment où Jésus prédit à Pierre qu'il le reniera : « Le Seigneur dit encore : Simon, Simon, Satan vous a demandés pour vous cribler comme le froment ;

mais j'ai prié pour toi, afin que ta foi ne défaille pas. Mais, lorsque tu seras converti, affermis tes frères. » (Luc, XXII, 31-32.)

Enfin. le troisième passage se trouve dans le XXIe chapitre de Jean ; par conséquent, il a moins de valeur que les deux autres, car tout le monde sait que ce dernier chapitre manque dans la plupart des manuscrits et paraît avoir été ajouté après coup. L'épisode se place après la résurrection, lors de la troisième apparition de Jésus à ses disciples. « Après donc qu'ils eurent dîné, Jésus dit à Simon-Pierre : Simon, fils de Jean, m'aimez-vous plus que ceux-ci ? Pierre lui répondit : Oui, Seigneur, vous savez que je vous aime. Jésus lui dit : Paissez mes agneaux. Il lui demanda de nouveau : Simon, fils de Jean, m'aimez-vous ? Pierre lui répondit : Oui, Seigneur, vous savez que je vous aime. Jésus lui dit : Paissez mes agneaux. Il lui demanda pour la troisième fois : Simon, fils de Jean, m'aimez-vous ? Pierre fut touché de ce qu'il lui demandait pour la troisième fois, m'aimez-vous ? et il lui dit : Seigneur, vous savez toutes choses ; vous connaissez que je vous aime. Jésus lui dit : Paissez mes brebis. »

On ne peut pas nier l'importance des deux premiers passages. Pierre paraît avoir été le plus âgé parmi les apôtres ; il était entièrement dévoué à son maître ; il a été le premier à s'apercevoir que Jésus n'était pas un homme comme les autres et à le proclamer comme Christ, fils de Dieu. Il est le seul à suivre Jésus, à distance, c'est vrai, mais enfin il le suit jusque chez Caïphe ; les autres avaient tous fui comme des lapins. Quand on le soupçonne de complicité avec le perturbateur qu'on vient d'arrêter, Pierre sent bien le danger, tout le monde est exaspéré contre son maître ; s'il est reconnu comme l'un des siens, la foule en délire va le déchirer. La peur le prend ; il répond qu'il est là en curieux, comme tous les autres, mais qu'il ne connaît pas l'accusé. Quand le coq chante, il se rappelle la tristesse de son maître, qui prévoyait son abandon, et il pleure des larmes amères.

Incontestablement tout cela est très beau, et la figure de Pierre apparaît plus belle que celle du fameux disciple que Jésus aimait. Plus tard, on retrouve les fuyards au pied de la croix, à distance ; mais Pierre a suivi tout le temps, il a vécu toutes les étapes, il a pleuré. Combien plus grand est celui qui tombe par faiblesse, se relève et pleure, que ceux qui commencent par se mettre en lieu de sûreté, et refusent à leur maître cette suprême consolation de l'assister au moment de ses souffrances ! Au moment où Jésus leur faisait ses adieux, après la Cène, à quoi pensaient-ils ? Ils se demandaient entre eux lequel serait le plus grand dans le royaume des cieux. Ah ! la réponse est bien facile, la réponse que Jésus n'a pas voulu leur faire pour ne pas les peiner : Le plus grand parmi vous est incontestablement Pierre, le vrai ἤπιος, celui qui, bien plus tard, devait comprendre Paul, mais que vous deviez brouiller avec lui, celui qui aimait vraiment Jésus et s'était donné entièrement à lui, sans arrière-pensée et sans égoïsme, qui peut tomber faute d'énergie, mais non pas par un calcul égoïste. Avec quelle naïveté charmante il répond à Jésus lors du lavement des pieds : « Il vint donc à Simon Pierre, qui lui dit : Quoi, Seigneur, vous me laveriez les pieds ? Jésus lui répondit : Vous ne savez pas maintenant ce que je fais, mais vous le saurez ensuite. Pierre lui dit : Vous ne me laverez jamais les pieds. Jésus lui répondit : Si je ne vous lave, vous n'aurez point de part avec moi. Simon Pierre lui dit : Seigneur, non seulement les pieds, mais aussi les mains et la tête. »

Vous voyez que je suis loin de diminuer la valeur de Pierre. Autant je trouve déplorable le Pierre assis dans une cathèdre, brandissant une grosse clef d'un air menaçant, paraissant plutôt fermer le ciel que l'ouvrir, autant j'aime et j'admire le bon νήπιος qui a été le Pierre historique, le vrai Pierre. Plus tard, dans sa dispute avec Paul, il ne met aucune acrimonie; c'est Paul qui lui fait des reproches avec une certaine violence ; lui s'est contenté de cesser de faire ce qu'il avait fait avec Paul, intimidé qu'il était par les reproches des autres apôtres, ceux qui avaient fui.

Tout cela étant reconnu comme vrai, nous devons bien voir tout de même que Jésus aimait tous ses disciples également. L'auteur de l'Evangile de Jean parle de ce dernier en le désignant comme « le disciple que Jésus aimait ». C'est une appréciation injurieuse pour Jésus, désobligeante pour tous les autres apôtres, mais qui n'est pas favorable à l'idée d'une préférence accordée à Pierre.

Mais il y a des choses qui sont trop importantes pour les laisser sous-entendues. Jésus a chargé Pierre de conforter les autres, parce que Pierre était celui qu'il voyait le plus apte pour cela. Cette aptitude lui était personnelle, et non seulement rien ne prouve qu'un autre aurait eu les mêmes aptitudes en lui succédant, mais on peut être certain du contraire : l'histoire le prouve avec évidence, et l'expérience journalière aussi. Jésus a pris Pierre pour le fondement de son Eglise, parce qu'il était Pierre, le seul vrai νήπιος parmi les douze, et il a résumé en lui tous les pouvoirs qu'il nous conférait *à tous*, je dis à tous, et je le prouverai dans un instant. En lui donnant la clef, on peut bien dire, en s'appuyant sur toute la doctrine qu'il a enseignée, que le fond de la pensée de Jésus aurait pu être formulé ainsi : Tu es Pierre, un homme bon, tu m'es dévoué, c'est sur toi que je compte pour soutenir la foi de tes frères et pour me remplacer quand je n'y serai plus. Je suis venu sur la terre pour ouvrir aux hommes le royaume des cieux ; en voilà la clef, je te la confie : quand je n'y serai plus, ce sera toi qui leur ouvriras le ciel.

Pour le reste, on le fait dépendre de ce don de la clef, et on appelle le tout le *Pouvoir des clefs;* c'est une erreur : les ligatures dont il est question ne s'appliquent qu'aux articles de la loi juive ; car enfin, il ne faut pas perdre de vue que la scène se déroule entièrement dans un milieu juif, et qu'on ne peut pas parler dans un tel milieu comme on parlerait aujourd'hui ; pas plus qu'aujourd'hui, dans le milieu catholique romain où nous vivons, on ne pourrait parler comme on parlera dans mille ou deux mille ans.

La loi juive liait les hommes par un tas d'obligations de pureté légale, que Jésus laissait à Pierre le pouvoir d'abolir ou de conserver. Mais il est impossible, absurde même, de supposer que celui qui a dit : La volonté du Père n'est pas qu'un seul de ces petits ne soit perdu. Il y a plus de joie au ciel pour un pécheur qui se convertit que pour cent justes qui persévèrent. Malheur à vous..., qui empêchez les hommes d'entrer dans le ciel ! — J'ai conservé ceux que vous m'avez donnés, et aucun d'eux ne s'est perdu, sauf l'enfant de perdition, afin que l'Ecriture fût accomplie. — Le Fils de l'homme n'est pas venu pour perdre les hommes, mais pour les sauver, etc., etc. ; il est absurde, dis-je, de supposer que celui qui a dit tout cela ait pu donner à Pierre le pouvoir d'empêcher qui il voudra d'entrer dans le Ciel. Non, la clef qu'il lui a donnée ne peut pas servir à fermer la porte; elle ne peut servir qu'à l'ouvrir. On a comparé Pierre à un portier ; on a dit qu'il était le portier du Ciel. Or un portier tire le cordon, il ouvre la porte à ceux qui frappent ; il ne la leur ferme pas au nez.

Mais, quand même, j'en reviens encore à ce que je disais il y a un instant : Jésus n'a pas dit que ce qu'il donnait à Pierre serait transmis à des successeurs, de façon à devenir une institution durable. Et pourtant, cela méritait d'être dit, si cela avait été dans ses intentions. En tout cas, personne n'a le droit de se substituer à Jésus, et ce qu'il n'a pas dit, de le dire à sa place. La logique n'a rien à y voir, car il est tout aussi logique de supposer que je puisse donner un pouvoir à quelqu'un pour lui seul que de faire de ce pouvoir une propriété transmissible ; il est même plus logique de supposer que la distinction que je donne à Pierre ne concerne que Pierre lui-même, en raison de la confiance que lui, personnellement, m'a inspirée.

Enfin, l'histoire elle-même se charge de démontrer que Pierre n'a jamais exercé aucun magistère sur les autres disciples. Il jouissait parmi eux d'une certaine considération ; il prenait volontiers la parole au nom de tous, parce qu'il était le seul qui en fût capable et qui ait eu de l'initiative ; mais dans l'intimité on ne se gênait pas pour le critiquer, le blâmer quand on ne pensait pas comme lui, et même lui imposer des actes qui lui répugnaient. Il a toujours été, du reste, très faible de caractère.

Cette étude rétrospective a pour but de bien faire comprendre que l'institution hiérarchique ecclésiastique est une œuvre administrative, purement humaine, et que, en l'attaquant, je ne m'en prends ni à l'enseignement de Jésus, ni même à la Religion. Bien mieux, je vais montrer que je ne m'attaque pas davantage au clergé. Je veux le libérer, et c'est tout.

En effet, Jésus a établi sa docrtine, nous pouvons dire sa religion, sur le pied de l'égalité absolue, ne considérant comme les plus grands que ceux qui servaient les autres : pour cela, il a donné ses pouvoirs à tous ses fidèles et non à quelques-uns : « Allez par tout le monde ; prêchez l'Evangile à toutes les créatures. Celui qui croira et qui sera baptisé sera sauvé ; mais celui qui ne croira point sera condamné. Ces miracles accompagneront ceux qui auront cru : ils chasseront les démons en mon nom ; ils parleront de nouvelles langues; ils ramasseront les serpents, et, s'ils boivent quelque breuvage mortel, il ne leur fera point de mal ; ils imposeront les mains sur les malades et ils seront guéris. (Marc, XVI, 15-18). » Vous voyez que ces pouvoirs sont donnés, non pas aux seuls apôtres et à leurs successeurs, mais à tous ceux qui auront cru, indistinctement.

Je sais bien qu'on me répondra que le dernier chapitre de Marc doit se terminer au verset 8, car le verset 9 est une répétition des quatre premiers versets, etc., etc. D'abord, c'est bien dans le style général des Evangiles de reprendre partiellement le récit pour le continuer, mais je ne veux pas insister. Je dirai seulement : De quel droit exigera-t-on que je tienne compte de certains versets qui passent pour apocryphes, si l'on veut me supprimer d'autres versets qui passent aussi pour apocryphes, non pas même avec autant de raison, mais avec moins de raison. Il serait bien commode de supprimer tout ce qui gêne et de maintenir tout ce qui est favorable.

Mais celui qui se tient en dehors de toute discussion dira qu'en effet on n'a pas ce droit ; mais on n'a pas le droit non plus de s'appuyer sur des textes contestés, pas plus d'un côté que de l'autre.

Ceux-là ont raison, mais pourtant, je conserve tous ces textes indistinctement, parce qu'ils sont très anciens, presque contemporains de la rédaction principale, et que le tout a été écrit d'après les souvenirs qu'on s'était transmis sans les écrire. Un enseignement pouvait très bien avoir été écourté, puis complété, soit par l'auteur lui-même, soit par un lecteur qui se souvenait mieux que le premier écrivain. Le principal, c'est qu'il n'y ait pas contradiction. Or, dans le texte de Marc, cette condition est remplie, les douze derniers versets sont parfaitement conformes à tout l'enseignement de Jésus ; ils le précisent, et c'est tout.

Quant au passage de Jean : « Les péchés seront remis à ceux à qui vous les remettrez, et ils seront retenus à ceux à qui vous les retiendrez. » (Jean, XX, 23), n'oublions pas que c'est l'auteur de l'Evangile de Jean qui parle, le même qui fait dire à Jésus que ceux qui ne mangeront pas sa chair et ne boiront pas son sang n'auront pas la vie éternelle, mais qui l'explique un peu plus loin en disant que la chair n'est rien, mais que ses paroles sont esprit et vie ; et, toujours en tenant compte du sens général de l'enseignement, même dans le seul Evangile de Jean, il est facile d'y voir un simple avertissement et non pas un pouvoir conféré. Mais, pour ne pas être accusé de m'échapper par la tangente, je veux bien, pour un moment, admettre ce pouvoir de pardonner ou retenir les péchés ; on sera bien obligé alors de m'accorder qu'il est donné, non pas à Pierre, non pas même aux douze, mais aux disciples d'une manière générale, c'est-à-dire à tous ceux qui suivent la doctrine qu'il a enseignée. Il n'y a donc là encore aucun privilège conféré à une classe particulière des adhérents.

Et il ne faut pas qu'on vienne m'objecter qu'ici le mot μαθηταὶ disciple, est pris pour le petit groupe des douze, car il est stipulé que Thomas était absent, non pas l'un d'eux, mais l'un des douze, Θωμᾶς δὲ, εἷς ἐκ τῶν δώδεκα.

Mais, je le répète, je n'admets ce pouvoir que pour un moment, pour faire voir que cette interprétation ne serait d'aucune utilité pour mes contradicteurs. Cela fait, je reviens à ce que j'ai dit plus haut: Jésus n'a pas donné à un ou plusieurs hommes, ou à tous, le pouvoir de détruire son œuvre, si péniblement accomplie : Je donne mon sang pour sauver les hommes, mais vous, si vous le jugez à propos, vous pouvez rendre mon sacrifice inutile. Je vous ai défendu de juger ; mais pourtant, si cela vous plaît, vous pourrez juger vos frères et leur fermer le ciel en retenant leurs péchés, si votre jugement ne leur est pas favorable.

Mais, mon Dieu ! quelle idée se font donc de Jésus ceux qui soutiennent une pareille thèse !

Jésus n'a pas voulu avoir des fonctionnaires, mais il a voulu avoir des apôtres, c'est-à-dire des envoyés, pour enseigner sa doctrine, rassurer les hommes et leur annoncer le royaume. Voilà quel est le rôle d'un clergé, quel qu'il soit.

Et puis, est-il bien sûr que Jésus ai dit que les péchés que ses disciples retiendront seront retenus ? Recourons, comme nous devons toujours le faire, au texte grec, celui dans lequel l'auteur a écrit, texte qui doit évidemment rendre mieux sa pensée que toutes les traductions :
ἄν τινων ἀφῆτε τὰς ἁμαρτίας, ἀφίενται αὐτοῖς· ἄν τινων κρατῆτε, κεκράτηνται. (Jean, XX, 23.) Si de quelques-uns vous remettez les péchés, ils sont remis (ou ils ont été remis) ; si de quelques-uns vous les retenez, ils sont retenus (ou ils ont été retenus). Il n'y a ni αφησονται ni κρατησονται ; on ne peut donc pas dire : ils seront remis, ils seront retenus.

Le sens n'est pas très différent, mais enfin, il y a une nuance: le futur serait peut-être plus comminatoire que le parfait.

Quoi qu'il en soit, Jésus dit, dans l'Évangile de Jean lui-même : Je suis venu dans le monde, moi, la lumière, afin que tous ceux qui croient en moi ne demeurent point dans les ténèbres. Si quelqu'un entend mes paroles et ne les garde pas, je ne le juge point, car *je ne suis pas venu pour juger le monde, mais pour sauver le monde.* Celui qui me méprise, et qui ne reçoit point mes paroles, a pour juge la parole même que j'ai annoncée : ce sera elle qui le jugera au dernier jour. (Jean, XII, 46-48.)

Ses disciples, qui ne sont pas plus que le Maître, ne peuvent donc pas recevoir de lui une juridiction qu'il s'est refusée à lui-même.

Mais, si l'on veut absolument prendre cette phrase à la lettre, j'y consens ; seulement, il y manque la sanction que le clergé y ajoute avec un sans-gêne vraiment extraordinaire : Les péchés que vous retenez sont retenus. Quelle va en être la conséquence ? Le pécheur va-t-il être obligé d'obtenir votre pardon, à vous, aux conditions que vous lui imposerez, sous peine d'aller brûler éternellement en enfer ? Ce serait monstrueux, mais Jésus ne dit pas un mot de cela.

Lisez les quatre Evangiles attentivement, relisez-les, gravez-les bien dans votre mémoire, et vous verrez que l'esprit général qui s'en dégage est la bonté, la miséricorde, la mansuétude envers tous les hommes, et la réprobation de tous ceux qui leur rendent difficile l'entrée dans le ciel.

Les deux points saillants de l'enseignement que Jésus nous a laissé, se trouvent dans les deux passages suivants :

1° « Venez à moi, vous tous qui êtes fatigués et qui êtes chargés, et je vous soulagerai. Prenez mon joug sur vous, et apprenez de moi que je suis indulgent et humble de cœur, et vous trouverez le repos de vos âmes, car mon joug est doux et mon fardeau est léger. » (Matth., XI, 28-30.)

2° « Malheur à vous, scribes et pharisiens hypocrites, parce que vous fermez le royaume des cieux devant les hommes; car vous n'y entrerez pas et vous empêchez d'entrer ceux qui viennent pour y entrer. » (Matth., XXIII, 13.) Ce passage est corroboré par cet autre : « Ils lient des fardeaux pesants et insupportables, et les mettent sur les épaules des hommes ; et ils ne veulent pas les remuer du doigt. » (*Id.*, 4.)

Tout le reste des Evangiles est le développement de ces deux idées. Jésus nous a aimés jusqu'à souffrir et donner sa vie pour nous ; ne rendons pas ce sacrifice inutile en permettant à des hommes de s'interposer entre lui et nous, et de nous dicter les conditions auxquelles ils nous permettront d'en profiter.

J'ai discuté un peu longuement ce passage de Jean, parce qu'il est d'une importance majeure de bien démontrer que toutes les duretés de la Religion viennent des hommes et non de Jésus.

Voyons en effet ce qui se passe aujourd'hui : il n'y a que contradictions entre la conduite et l'enseignement du clergé, et l'enseignement que nous trouvons dans les Evangiles.

Il est bien entendu que je n'attaque pas les hommes ; c'est l'institution cléricale hiérarchique que j'attaque. Il est complètement inadmissible que ceux qui prétendent parler au nom du Christ soient organisés comme une armée et prétendent commander à leurs ouailles au lieu de les exhorter. Il y a des prêtres très bons, très honnêtes, très dévoués, etc. Je le sais bien, mais ce n'est pas ainsi que se pose la question : je ne dis pas qu'il soit nécessaire d'avoir de meilleurs prêtres que nous n'en avons : dans toutes les institutions, quelles qu'elles soient, il y aura toujours de malhonnêtes gens et des hommes admirables. La seule question de personnes que je pourrais soulever serait qu'ils se donnent la peine d'étudier, car on ne peut pas nier que, pour quelques hommes de valeur, il y a beaucoup trop d'ignorants, et même d'imbéciles. Mais la question est placée plus haut.

Jésus a dit : Mon royaume n'est pas de ce monde...? je ne suis pas venu pour être servi, mais pour servir. Le disciple n'est pas plus que le maître. Le plus grand parmi vous sera celui qui servira les autres, etc., etc. Or le chef de toute la hiérarchie cléricale réclame à cor et à cri le pouvoir temporel, c'est-à-dire un royaume qui est de ce monde. Bien mieux, il a la prétention de commander, même temporellement, aux rois des autres royaumes de ce monde.

Le Fils de l'homme n'avait pas où reposer sa tête ; le Pape possède une fortune immense et cherche tous les moyens de l'augmenter. C'est le bien des pauvres, dira-t-on. Oui, mais il en distrait pourtant une portion importante pour se vêtir et se loger plus splendidement que Salomon dans toute sa gloire ; pour entretenir des serviteurs de tous grades, très nombreux et plus splendides les uns que les autres ; pour entretenir des ambassadeurs, etc., etc.

Mais qu'on m'explique donc ce que la Religion a à gagner à tout cela ! Je vois bien ce qu'elle y perd; je vois bien les chrétiens s'éloigner avec horreur de toute cette arrogance et de cette tyrannie qu'on prétend exercer sur eux-mêmes, laïques.

Comment ! Vous prétendez représenter le Christ et vous faites, non seulement le contraire de ce qu'il faisait, mais le contraire de ce qu'il enseignait !

Il serait beaucoup trop long de citer tous les passages des Evangiles qui vous condamnent; je vais donc me contenter de dire ce qui doit être, ce qui sera, car c'est la volonté de Dieu, et, tôt ou tard, la volonté de Dieu s'accomplit toujours.

« Vous avez fait de la maison de mon Père une caverne de voleurs ! » Il ne faut plus que cela soit. Jésus a chassé les marchands du Temple; ils y sont rentrés, il faut les en expulser de nouveau.

Il est certain qu'il nous faut un clergé,mais non pas des *maîtres*. Vous avez tellement lassé et irrité les populations qu'on cite contre vous ce dicton : Le paysan à qui on parle du gouvernement des curés, roule des yeux furibonds et sursaute en criant : Ous qu'est mon fusil ?

Organisez-vous en une école, si cela vous plaît, mais non pas en une armée. Cessez de vous croire des hommes supérieurs aux autres hommes. Jésus ne vous a chargés d'aucun ministère, ne vous a donné aucun pouvoir qu'il ne nous ait donné à tous ; il vous a chargés seulement de répandre la bonne parole et de consoler les hommes.

Cessez donc de vous vêtir autrement que le commun des mortels : un groupe d'hommes en uniforme ne pourra jamais éviter l'esprit de corps, l'orgueil et la morgue ; cela vous fait ressembler aux sépulcres blanchis dont parle Jésus.

Enseignez, mais permettez aux hommes de juger votre enseignement. Jadis, vous interdisiez la lecture des Livres saints ; aujourd'hui, vous ne le pouvez plus, mais vous voyez d'un mauvais œil que nous les lisions et surtout que nous les commentions ; vous prétendez que vous seuls ayez le droit de les commenter parce que vous avez les lumières de l'Eglise, qui est assistée du Saint-Esprit. Mais où donc Jésus a-t-il dit cela ? Dans quel passage vous donne-t-il ce privilège ? Quand il vous dit : Allez et instruisez tous les peuples... Allez par tout le monde ; prêchez l'Evangile à toutes les créatures..., cela veut-il dire que vous seuls soyez capables de comprendre ce que vous leur enseignerez ? Ce ne serait pas la peine alors ; ce serait parler pour ne rien dire.

Et pourquoi ne serions-nous pas aptes aussi bien que vous à comprendre la parole divine, qui est si simple, si facile à comprendre ? Les livres sont à notre disposition aussi bien qu'à la vôtre ; nous pouvons apprendre comme vous. Quant au Saint-Esprit, il nous assiste tous : que deviendrions-nous sans cela ! Vous ne nous ferez pas croire que ce soit si difficile de comprendre ce que Jésus nous a enseigné ! Il suffit pour cela de remplir son programme, de lire avec la simplicité d'un νήπιος, sans chercher à en tirer toutes vos complications théologiques et scolastiques. Ce n'est que dans ces complications qu'on peut errer. Et alors, ce n'est pas un grand malheur.

Croyez-vous qu'il y ait beaucoup d'importance pour un vrai chrétien qui aime Dieu, qui aime Jésus et veut suivre sa direction, croyez-vous qu'il y ait beaucoup d'importance pour lui, de savoir ce que c'est que le monothélisme, que la communication des idiomes, que la procession du Père, ou bien du Père et du Fils, la conception *vaso clauso*, et autres aménités auxquelles Jésus n'a jamais pensé, et qui proviennent uniquement de vos discussions oiseuses et de vos ergotages scolastiques ?

Je crois fermement tout ce que Jésus nous a enseigné.

Il a dit qu'il était venu pour sauver le monde, je crois qu'il m'a sauvé. Il a dit que, s'il est élevé de terre, il entraînera tout à lui; je crois que, si je m'attache à lui, il m'entraînera avec lui. Il a dit à Pierre de payer la didrachme qu'on lui réclamait ; il a dit aux Juifs de rendre à César ce qui appartient à César et à Dieu ce qui est à Dieu. Je crois que je dois me comporter en bon citoyen dans mon pays, obéir aux lois de mon pays et ne pas mêler les choses de Dieu avec les choses de la politique ; je m'aperçois, du reste, que prier Dieu ne gêne en rien mon gouvernement, et que personne ne pense à m'en empêcher.

Jésus a dit que nous devions pardonner à nos ennemis, et même les aimer, que nous devions rendre le bien pour le mal ; je suis convaincu que cela est bien, et je m'efforce à le faire ; si j'y réussis, Dieu le sait, et je le remercie de m'y avoir aidé, et, si je n'y réussis pas, je demande à Dieu de me donner la force de le faire.

Jésus a béni le pain, l'a rompu et l'a distribué à ses Apôtres en leur disant : Prenez et mangez, ceci est mon corps ; je suis convaincu que les convives, en mangeant ce pain, ont réellement mangé le corps du Christ. Puis il a pris le calice, il a rendu grâce et il le leur a donné en disant : Buvez-en tous, car ceci est mon sang, le sang de la nouvelle alliance, qui sera répandu pour plusieurs pour la rémission des péchés. Je suis convaincu que les convives, tout en buvant du vin, ont bien réellement bu le sang du Christ. Je suis convaincu que ce sang scellait bien la nouvelle alliance que Dieu contractait, non seulement avec les Juifs, mais avec le genre humain tout entier, nouvelle alliance qui avait été promise à diverses reprises. (Esaïe, LV, 3. — Jérémie, XXXI, 31. — Ezéch, XVI, 60, etc.). Et enfin je suis convaincu que ce sang efface nos péchés. Je suis d'autant plus convaincu que le sang versé sur le calvaire, le même que les Apôtres ont bu sous forme de vin, efface nos péchés, que non seulement Jésus a dit que ce sang était répandu pour la rémission des péchés, et que si cela n'était pas, il aurait parlé pour ne rien dire, ce qui n'est pas dans ses habitudes; mais on se demanderait à quoi nous aurait servi son sacrifice, si ce n'était pas pour nous délivrer du joug du péché.

Je crois tout cela fermement, c'est pour moi une conviction complète ; mais je crois à la parole tout entière, je ne la coupe pas en deux : εἰς ἄφεσιν ἁμαρτιῶν veut dire, pour la rémission, l'absolution des péchés, de tous les péchés, et non pas du seul péché originel.

Enfin, Jésus a ajouté : Faites ceci en mémoire de moi ; je suis convaincu qu'on ne peut faire une chose en mémoire de quelqu'un que lorsque l'on n'est plus en présence de cette personne ; que, par conséquent, Jésus recommandait de répéter cette cérémonie après sa mort. Comme, d'autre part, il a dit que quiconque ne mange pas sa chair et ne boit pas son sang n'aura pas la vie éternelle, en d'autres termes, n'entrera pas dans le royaume des cieux, je suis convaincu que c'est nous tous, et dans tous les temps, qui sommes invités à répéter ce repas.

Donc, en termes théologiques : je crois fermement à la *transsubstantiation* et à la *présence réelle*. Seulement, je ne me crois pas obligé d'y voir un mystère ; je ne me crois même pas obligé d'en chercher une explication. Je crois que l'hostie est transsubstantiée, qu'en la recevant, je reçois le pain de vie, le corps de Jésus-Christ, notre Sauveur, je le crois parce qu'il l'a dit, et cela suffit.

Maintenant, comme savant, je peux avoir la curiosité de rechercher comment cela peut se faire ; c'est une chose qui ne regarde que moi ; si je ne résous pas le problème comme vous, vous n'êtes pas obligé de me brûler vif pour cela.

Je peux aussi croire que, Jésus ayant donné du pain comme étant son corps, et du vin comme étant son sang, vous n'aviez pas le droit de supprimer le vin ; si vous dites que le pain étant le corps, il doit forcément contenir le sang, donc il suffit, je peux bien croire que Jésus en savait aussi long que vous sur ce chapitre, et que cependant il a ajouté la coupe ; si vous dites que vous, vous buvez à la coupe, mais qu'il n'est pas bon que le laïque y participe, parce qu'il faut établir la prééminence du prêtre sur le laïque, je peux croire que Jésus ne parle pas de cela, et que, s'il n'en parle pas,c'est qu'il n'y voit aucune nécessité; je peux croire tout cela, que vous, vous ne croyez pas, sans que cela vous oblige à me brûler vif.

Je pourrais faire une revue complète de tous les passages des Evangiles, en ajoutant que je crois à la vérité de chacun d'eux, et que nous n'avons le droit ni de retrancher, ni de modifier, ni d'ajouter quoi que ce soit. La parole du Christ est la vérité absolue ; il n'y a du reste que cela d'absolu en ce monde : tout ce qui n'est pas la parole du Christ est œuvre humaine, par conséquent vérité relative ou erreur, et, par conséquent, discutable. Je ne me permettrais pas de discuter l'enseignement du Christ, mais je me fais un devoir de discuter l'enseignement humain. Je crois fermement tout ce qu'enseigne le Christ : c'est la *foi*. Croire sans discuter, même une partie de ce que vous dites, ce serait la *crédulité*. Et cela ne vous donne pas le droit de me brûler vif.

Est-ce donc bien difficile à comprendre tout cela ? Est-il bien nécessaire d'avoir reçu un sacrement particulier pour savoir qu'aimer son prochain, ça veut dire aimer son prochain ?

Jésus nous a dit de ne pas juger, de crainte d'être jugés nous-mêmes; il a même dit que nous serons mesurés de la même mesure dont nous aurons mesuré les autres ; aussi, je le répète, je me garde bien de juger les personnes, je ne juge que l'institution. Ce n'est pas un jugement, cela, c'est simplement la comparaison de l'enseignement de Jésus avec la manière dont on l'applique. Les hommes sont ce qu'ils peuvent, cela ne me regarde pas; mais ce qu'ils disent m'appartient : j'ai le droit de le trouver juste ou de le trouver faux.

Jésus n'a jamais dit que vous ne pouviez enseigner sa doctrine sans vous habiller autrement que les autres, sans renoncer au mariage, qui est si moralisateur, sans dominer sur les autres hommes. Vous avez cru devoir remplir ces conditions; j'ai le droit de ne pas être de votre avis.

Faites ce que Jésus vous a commandé : instruisez-vous bien dans sa doctrine et enseignez-la aux nations; donnez des conseils à ceux qui vous en demandent; donnez-les selon votre conscience et selon l'inspiration de la parole divine, que vous connaîtrez mieux que les autres, non pas en raison d'une grâce d'état, mais en raison des études que vous aurez faites ; mais ne soyez jamais guidés dans vos conseils par les ordres de gens qui ont la prétention d'être vos supérieurs, et même les nôtres. Ne reconnaissez qu'un seul maître : Jésus, représenté par ses Evangiles et son Saint-Esprit, qui doit vous inspirer, comme nous tous, mais que vous pouvez mieux comprendre que bien d'autres, en raison de vos études et de votre spécialisation dans cette voie.

Ne refusez jamais vos consolations à ceux qui vous les demandent, c'est là la véritable charité.

Comportez-vous vis-à-vis de vos clients comme le médecin vis-à-vis des siens : voilà les conseils que je suis obligé de vous donner. Si vous les suivez, je suis persuadé que vous vous en trouverez bien ; si vous ne les suivez pas, je crains que vous n'ayez lieu de le regretter. Mais ne menacez jamais personne de peines qui ne sont pas à votre disposition. Dieu fera de moi ce qu'il voudra ; il ne vous consultera pas pour cela, et cela ne vous regarde pas.

Aimez autant celui qui ne suit pas vos conseils que celui qui les suit.

Ne faites plus de la confession un tribunal dont vous vous instituez les juges. Vous ne le savez pas, si j'ai péché, vous ne pouvez pas le savoir. Laissez donc toute absolution insolente. Non, mille fois non, ce n'est pas vous qui absolvez; Dieu seul le peut : Jésus pardonnait les péchés, mais il était le Verbe, vous n'êtes pas le Verbe, vous ! Revenez donc à l'ancienne formule : *Deus te absolvat*, et cessez de faire les importants en disant : EGO *te absolvo*. Rappelez-vous que Jésus a dit que son sang était versé pour le pardon des péchés; c'est donc une chose faite, vous n'êtes que la mouche du coche. Dieu nous a envoyé dire par ses anges :... et sur la terre, paix aux hommes de bonne volonté ; son fils est mort sur la croix et a versé son sang pour que mes péchés me soient remis. Combinez ces deux grands faits : Je bois le sang du Christ; si je suis de mauvaise volonté, si je pèche sciemment , le voulant, je bois ma propre condamnation ; si je suis de bonne volonté, si je ne pèche que par faiblesse, ne le voulant pas, mais succombant à regret, je suis absous, je bois mon absolution (1).

(1) Qu'il soit bien entendu qu'en parlant ainsi, je n'ai pas du tout la

Vous le savez bien, du reste, puisque vous êtes obligés de dire que la *contrition parfaite* entraîne l'absolution. Vous dites qu'il est plus prudent tout de même de se confesser et de recevoir l'absolution, parce que nous ne pouvons pas

prétention de vous autoriser à aller vous présenter à ce qu'on appelle la *Ste-Table*, et recevoir l'hostie des mains du prêtre sans vous être confessés. Vous n'avez pas le droit de participer à la communion du prêtre sans vous être soumis aux conditions qu'il vous impose pour vous la donner.

Si votre conscience ne vous permet pas de vous y soumettre, ce que je comprends très bien, vous devez vous en abstenir.

Je n'ai pas assez de place à ma disposition pour vous démontrer cela, mais je l'ai démontré dans une de mes leçons.

Mais alors, me direz-vous, je ne remplis pas les conditions de la vie chrétienne ; je ne fais pas ce que Jésus nous a demandé de faire, en mémoire de lui.

1° A supposer que vous ne le fassiez pas, si vous en avez le désir et que vous ne le puissiez pas, en raison de la violence qu'on prétend exercer sur votre conscience pour vous mettre à même de le faire, vous ne péchez pas ; il y a cas de force majeure, ce qu'en marine on appelle fortune de mer : en cas de gros temps qui compromet la sécurité du navire, le capitaine peut jeter sa cargaison à la mer, sans que plus tard les tribunaux l'en rendent responsable.

2° Vous n'avez pas le droit de bénir du pain et du vin et de les faire manger et boire par n'importe qui, comme étant consacrés. Mais qui vous empêche d'élever votre âme à Dieu pendant vos repas, soit que vous mangiez seul, soit que vous ayez des invités, qui alors doivent être des amis, des personnes qui partagent vos croyances et qui sympathisent avec vous (1), et de demander à Jésus de vous accorder la même faveur qu'il accorda jadis à ses apôtres ? Vous pouvez vous mettre à table dans l'intention de faire ce repas en mémoire de Jésus, et demander mentalement que, soit par influx divin venant d'en haut, soit par transsubstantiation, le moyen employé ne vous regarde pas, ce que vous mangez et ce que vous buvez vous mette en communion avec le Christ, selon les intentions qu'il a manifestées à ses apôtres lors de son dernier repas.

Si vous avez des invités, chacun d'eux peut en faire autant en son particulier.

En agissant ainsi vous remplirez les intentions de Jésus ; et, si vous l'avez fait sincèrement, avec foi et avec amour, vous aurez réellement

(1) Je vous rappelle, à ce sujet, que ce n'est pas une chose indifférente que de manger avec d'autres personnes : n'invitez jamais à votre table des personnes qui ne vous soient pas sympathiques ; n'acceptez pas non plus leurs invitations. Il est impossible de manger avec des invités sans communier avec eux, et on ne doit pas communier avec n'importe qui.

être sûrs d'avoir la contrition parfaite! Mais c'est insensé! Je viens de vous la montrer, la contrition parfaite, il n'est difficile ni de l'avoir ni de la reconnaître. Dire que je peux me repentir seulement à cause du détriment que ma faute

mangé la chair et bu le sang du Christ Sauveur, dans le sens indiqué par Jean, VI, 35, 47, 48, 51, 54, 55, 56, 57, 58, 59, et 64; et vos péchés vous seront remis.

Mais rappelez-vous bien que vous n'avez reçu de personne le pouvoir sacerdotal; si vous vous permettiez de bénir le pain et le vin et de le distribuer comme étant le corps et le sang divins, vous commettriez un sacrilège.

Régulièrement, il faut un prêtre, c'est-à-dire un mandataire, pour conférer le sacrement d'Eucharistie. C'est Jésus qui a distribué lui-même son propre corps et son propre sang; il était le prêtre, selon l'ordre de Melchisédech, comme dit l'Écriture. Pour faire ce qu'il a fait, il faut donc qu'un prêtre bénisse et distribue le pain et le vin.

Les protestants ont le bonheur d'avoir des mandataires, qu'ils appellent des ministres, ou des pasteurs, qui leur donnent la communion eucharistique sans condition; leur conscience n'est pas violentée, ils peuvent en toute sécurité la recevoir de leur main. Quelle que soit alors la théorie à l'aide de laquelle prêtre et fidèles interprètent le grand acte qui s'accomplit, le miracle a lieu, la communion est bien reçue, à la seule condition que les fidèles le veuillent, c'est-à-dire reçoivent le pain et le vin dans des sentiments de piété et d'amour.

Les catholiques ne sont pas dans le même cas: le prêtre n'est pas leur mandataire; il s'est emparé de pouvoirs que Jésus n'a donné à personne. Il ne vous accorde le pain qu'à la condition de l'avoir fait votre confident et votre juge, et de vous être soumis à lui, quand Jésus a défendu de juger, et a voulu que le plus grand soit celui qui sert les autres. Le Fils de l'homme n'est pas venu pour se faire servir, mais pour servir; le disciple n'est pas plus que le maître. Si je consens à subir les exigences d'un homme qui fait le contraire de ce que Jésus lui a commandé, je deviens son complice; ma conscience s'y refuse. Quand on aime quelqu'un on cherche à lui faire plaisir: j'aime Jésus par-dessus tout, je ne consentirai pas à lui faire de la peine en aidant un homme à violer ses commandements. Voilà pourquoi il y a cas de force majeure, et j'ai le droit de me communier moi-même, dans la forme que j'ai indiquée plus haut.

Enfin, on pourrait me demander pourquoi un catholique ne recevrait pas la communion protestante, puisqu'elle remplit les conditions voulues: parce que le ministre protestant n'est pas son mandataire; il n'est le mandataire que de ceux qui se groupent autour de lui, ceux de sa confession. Plus tard, quand le clergé catholique se sera réformé, quand il se soumettra à la volonté du Christ, quand il n'obéira plus aveuglément à une hiérarchie quelconque, quand il ne relèvera que du Christ et de sa propre conscience, nous devrons être communiés par lui.

peut m'occasionner, est une pure plaisanterie : vous-mêmes si je viens vous dire que j'ai volé et que je m'en repens parce que je crains d'avoir été vu par quelqu'un et dénoncé, me donnerez-vous l'absolution ? Vous vous demanderez si je me moque de vous et vous aurez raison. Si je vous dis, j'ai fait tel péché, mais je m'en repens parce que vous me dites que cela pourrait me jouer un mauvais tour dans l'autre vie, je n'aimerais pas à brûler pendant l'éternité ; j'aime mieux ne pas recommencer. Vous me direz : Mais regrettez-vous aussi d'avoir offensé Dieu ? Si je suis franc, si je vous dis bien réellement ce que je pense, ce que je sens, je serai bien obligé de vous répondre: Pour ça, je n'y ai pas pensé, et du reste, je m'en fiche. Me donnerez-vous l'absolution ? Non, n'est-ce pas !

Eh bien, mais alors, je n'ai pas besoin de vous, à supposer même que vous ayez le pouvoir de m'absoudre, ce que je conteste. En effet, si je me repens pour toute autre cause que l'offense à Dieu, si le regret d'avoir offensé Dieu n'existe pas en moi, vous me refusez l'absolution, ou bien, si vous me la donnez, ce sera un abus et elle sera privée d'efficacité. Si j'ai réellement le regret d'avoir offensé Dieu, mon absolution est accordée *ipso facto*. Alors ? Quant à la peur de l'enfer ou du gendarme, elle peut bien s'ajouter à mes regrets, cela ne les diminue pas.

Cessez donc de vous ériger en juges, craignez qu'on ne trouve votre poutre, si vous remarquez trop notre paille. Renoncez à toute prétention de gouvernement, de puissance de domination ; soyez charitables, soyez indulgents, souvenez-vous que vous êtes des hommes comme nous et rien que des hommes comme nous. Instruisez-nous, consolez-nous quand nous en avons besoin. Faites-nous aimer Dieu au lieu de nous le montrer comme un épouvantail ; montrez-nous Dieu comme le bon Père que nous a montré Jésus, toujours prêt à nous consoler et à améliorer notre sort ; allégez notre fardeau comme le faisait Jésus. Faites tout cela, et vous verrez comme les hommes vous aimeront ; ils ne crieront plus : A bas la calotte ! La calotte, hou, hou !... Les hommes aiment ceux qui les aiment, ceux qui leur font du bien ; mais ils n'aiment pas, ils ne peuvent pas aimer ceux qu'ils redoutent.

Voilà pourquoi sainte Philomène est venue briser votre Egrégore pour délivrer l'humanité et vous délivrer vous-mêmes.

Il n'y a plus qu'une question à examiner : vous allez me dire : Mais alors, de quoi vivrons-nous ? — De votre travail.

La Religion n'est pas un métier, une boutique. C'est justement parce que vous comptez sur elle pour vivre que vous ne pouvez plus vous recruter. Beaucoup de paresseux, de gens grossiers et inintelligents se figurent qu'ils trouveront là une carrière commode, une vie assurée, et ils se font prêtres comme d'autres se font employés de bureau ou gardiens de la paix. Qu'ils aient des déceptions après ou non, peu importe ; ils le font. Voilà pourquoi il y a tant de non-valeurs parmi vous, tant de gens durs et grossiers, qui ne sont pas faits pour attirer les incroyants à la Religion, qui ne sont pas faits non plus pour encourager les vocations. Un homme délicat, intelligent et instruit ne sera guère attiré à faire partie d'une pareille société.

Vous devez tout faire gratuitement ; Vous ne devez jamais rien accepter, ni comme cadeau, ni par aucune voie détournée. Jésus disait à ses disciples : vous l'avez reçu gratuitement, donnez-le gratuitement. Dirigez les charités, discrètement ; signalez les souffrances, mais n'acceptez jamais de vous charger vous-mêmes de centraliser les fonds et de vous transformer ainsi en une agence de distributions d'aumônes ; vous ne résisteriez pas toujours à la tentation d'en distraire une partie pour vous, ou tout au moins de distribuer à ceux que vous appeleriez les *bien pensants*, et de ne rien donner aux autres, et d'acquérir ainsi une influence pernicieuse pour vous et pour tout le monde. Si vous ne le faisiez pas, vous ne pourriez pas éviter d'en être soupçonnés. Soyez toujours très réservés quand on vous priera de vous charger d'une transmission d'aumône ; n'acceptez qu'exceptionnellement et ne laissez pas ignorer au bénéficiaire que vous n'êtes qu'un commissionnaire ; que ce n'est pas à vous que doit aller sa reconnaissance.

Saint Paul vivait de son travail et se félicitait, dans une de ses épîtres aux Corinthiens, de ne leur avoir été jamais à charge, de ne leur avoir jamais demandé aucune rémunération, de n'avoir compté que sur son travail.

Faites comme lui, ayez un métier, travaillez pour vivre. Si vous ne réussissez pas, il y en a qui, malgré toute leur bonne volonté, n'arrivent jamais à gagner de quoi vivre, si vous ne réussissez pas, ne vous découragez jamais ; ayez confiance en Dieu, il suscitera de bonnes âmes qui vous viendront en aide. N'en soyez pas humiliés, acceptez simplement, mais en stipulant bien que vous n'acceptez cela qu'à titre d'aumône, mais non comme paiement de votre ministère. Dieu aime les pauvres ; il serait orgueilleux de votre part de vouloir bien donner et de rougir d'accepter. Si celui qui vous vient en aide, se fait valoir, cherche à vous humilier, ne vous en préoccupez pas ; il n'arrivera qu'à se flétrir lui-même, mais vous, aucun affront ne vous atteindra.

Vivez donc de votre travail et sacrifiez votre loisir à votre ministère, au lieu de le gaspiller dans les plaisirs et les vanités. Que cela ne vous empêche pas, du reste, de vous donner aussi quelques agréments ; mais, au milieu même de vos récréations, de vos repas, de vos relations mondaines, vous pouvez être très utiles par vos conversations. Ne craignez pas d'être débordés : la tâche est assez belle pour tenter un grand nombre de belles âmes, et il y en a de par le monde beaucoup plus qu'on ne croit. Vous serez donc toujours assez nombreux pour suffire à la tâche.

Mariez-vous et vivez comme tout le monde. Ce n'est que dans le mariage, dans la vie de famille que vous trouverez le calme et la vie pure qui convient à votre ministère.

Voilà ce que, malheureusement, vous ne ferez que lorsque vous y serez forcés, et après avoir lutté en désespérés ; mais nous n'avons pas pu vous y amener graduellement, par la persuasion. Nous avons été obligés de briser votre Egrégore pour vous en délivrer aussi bien que nous (1).

(1) Il est bien évident que nous seuls, qui sommes des laïques, pouvons délivrer les prêtres de l'oppression écrasante sous laquelle ils *gémissent*. Je souligne ce mot pour montrer que ce n'est pas au figuré que je le prends ; il exprime une réalité.

Comment voulez-vous que ces pauvres malheureux puissent faire une réforme quelconque ; ils sont obligés de s'espionner les uns les autres. Il n'y a aucun mouvement possible, aucune réforme à attendre, si l'on ne s'est pas préalablement concerté avec quelques autres.

J'ai eu à ce sujet des conversations très édifiantes avec un certain nombre de membres du clergé. Je *sais* qu'un grand nombre, une grande majorité parmi les intelligents et les instruits sont écœurés de leur esclavage ; je sais que, tout en m'anathématisant ouvertement, ils font des vœux secrets pour la réalisation des réformes que je propose ; je sais qu'ils me savent beaucoup de gré de dire tout haut ce qu'ils pensent tout bas. Mais sont paralysés par l'espionnage, qui sévit parmi eux au point que l'un d'eux me disait : Comment voulez-vous que nous puissions nous entendre, nous concerter ? Si je disais au collègue auquel je croi-

C'est fait. Que Dieu nous aide maintenant. Je ne vivrai pas assez longtemps pour voir tout cela réalisé, mais je mourrai content, car la graine est semée et elle germera.

rais pouvoir le mieux me confier, la moitié de ce que je viens de vous dire, il irait, en me quittant, trouver l'archevêque, et me dénoncerait, non seulement pour se faire bien venir, mais pour éviter qu'on découvre qu'il a su quelque chose et qu'il ne l'a pas dénoncé, ce qui serait très grave pour lui; et moi, je serais interdit dès demain.

APPENDICE

Cette brochure sera lue par mes élèves ; ils ont suivi mon cours pendant plusieurs années et sont familiarisés avec les théories que je développe ici. Ils n'éprouveront aucun étonnement devant l'œuvre si considérable de sainte Philomène : tous ont été à même de reconnaître sa puissance; tous en ont reçu des bienfaits, et lui doivent la paix de leur âme. Grâce à elle, la vie ne leur paraît plus une vallée de larmes. Ils ont compris la vérité de cette parole de Jésus : « ...Apprenez ce que veut dire : Je veux la miséricorde et non le sacrifice, car je ne suis pas venu pour appeler les justes, mais les pécheurs. (Matth., IX, 13.) « Si vous saviez ce que veut dire : Je veux la miséricorde et non le sacrifice, vous ne condamneriez jamais les innocents. Car le Fils de l'homme est maître même du sabbat. » (*Id.*, XII, 7-8.) Et ils ont confiance, ils ne redoutent plus rien, ni en ce monde ni dans l'autre, parce qu'ils savent que sainte Philomène les a pris sous sa protection.

Mais d'autres aussi me liront, qui n'ont pas les mêmes raisons de me croire. A ceux-là, je dis, en terminant : Vous avez suivi les événements; vous avez vu les dangers que nous avons courus; vous voyez le triomphe du sentiment chrétien, qui s'accuse de plus en plus; vous voyez la société moderne et son libéralisme, qui résistent à tous les assauts ; vous voyez combien sont modérés ceux qu'on cherche à faire passer pour des persécuteurs de l'Eglise. Vous êtes bien obligés de reconnaître que tout cela n'aurait pu avoir lieu, si le Ciel n'était pas intervenu. Contentez-vous de cela pour le moment. Un jour viendra où vous comprendrez comment sainte Philomène a été missionnée par Dieu, et en a reçu les pouvoirs nécessaires pour faire exécuter sa volonté

Mai 1907.

Les caractères étrangers employés dans cet ouvrage ont été prêtés par l'Imprimerie Nationale.

TABLE DES MATIÈRES

Caen. — Imprimerie Ch. VALIN, 13, rue Écuyère.

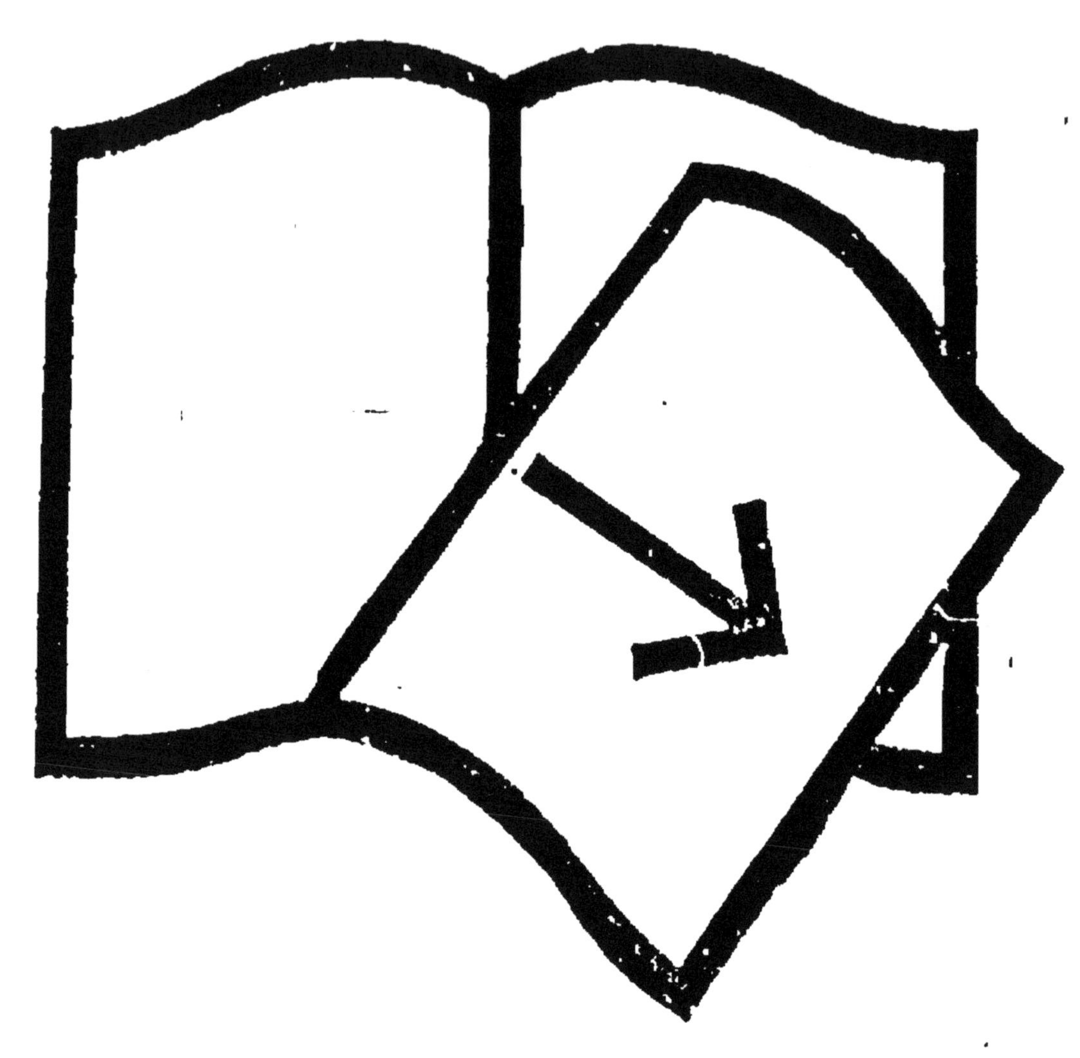

Documents manquants (pages, cahiers...)

NF Z 43-120-13